U0595567

# 好营销
# 3秒就够了

### 12条有效吸引消费者注意力的
### 黄金营销法则

吴孝明 / 编著

中国友谊出版公司

# 推荐序（一）

## 只要有心做一件事，全世界都会来帮你

"只要有心做一件事，全世界都会来帮你。"这是我在拿到这本书时，脑海中突然浮现出的一句话。这本书之所以能顺利出版并成为在台湾出版的第一本集结了两岸互联网营销界领军人物职场心得的书，就是发端于"有心"。

在担任台湾辅仁大学大众传播学院（后简称"辅大传播学院"）院长期间，我一直秉持着"把学生带出去，把资源引进来"这一理念。面对大陆近几年数字营销与传播、互联网金融以及移动商务等新兴领域的急速发展，我深觉有必要让传播学院的学生们接触到两岸第一手的成功案例，认识最杰出的产业精英，这样做将非常有助于开拓他们的行业视野，激发他们的学习动力以及提升他们的能力。当然，这样也将非常有利于拓展他们在大陆的人脉，

以便毕业后可以快速与两岸最新产业对接。

这样的想法，立刻获得了我的彰化同乡兼多年好友，目前担任北京新意互动（CIG）广告有限公司首席执行官的吴孝明先生的支持。这次的系列讲座，由他负责规划课程以及募款和邀请讲者。我把开设讲座的计划同时告诉了时报出版公司的赵政岷董事长，没想到，他眼睛一亮，说道："这个系列讲座可以出书啊！"于是，我们三人开始着手做起了如何将讲座稿整理汇总以便能够顺利出版的前期筹备工作。

这 12 堂课的讲师来自北京、上海、广州、香港和台北，他们在当前亚太地区数字营销领域最杰出的公司从事高管工作：百度、新浪微博、谷歌、凤凰网、一点资讯、小米、奥美、麦肯等。站在经营战场核心地带的他们，不但在百忙中抽出宝贵的时间，还自掏腰包搭机到台北，风尘仆仆地赶在周六早上九点为同学们带来热腾腾的案例，然后再马不停蹄地搭飞机回去。对于这些热心的讲者，在此我要致上最深的谢意！

感谢好友吴孝明，感谢赵政岷董事长，同时感谢辅仁大学影像传播系（后简称"辅大影传系"）的黄乃琦老师，除了每周的接待与主持工作，她还协助讲师们完成了讲稿收集与整理的工作。最后，我还要感谢时报出版公司编辑团队的大力协助，让讲师们这些精彩的讲课内容有机会分享给广大读者。

　　这 12 堂课是一个把校园课程、产业培训、内容出版三个模块结合而开发出的实验课程。这样的模式，迎合了当前影音平台、翻转教学、内容多元化的发展趋势，未来可以有更具开创性的课程或出版物出现。我也期待结识更多对这个系列讲座有兴趣的教育界伙伴、产业人士以及内容出版界的朋友，一起合作分享新兴时代新趋势下的传播知识！

**吴宜蓁**

# 推荐序（二）

## 来辅仁大学上一堂百万元都修不到的课

2017年初，台湾辅仁大学传播学院网罗大中华区脸书、谷歌、小米手机、百度、新浪微博、奥美、麦肯广告等十多位两岸数字营销领域的决策者和精英，联合开设了"数字营销传播趋势与管理"系列讲座。同学们为了一睹两岸精英的风采，也为了解大陆数字营销传播产业成功的秘诀，纷纷踊跃报名，在辅大校园里掀起了抢课潮。小小讲堂里竟然挤了近百人。不仅如此，借着这次和辅大学子近距离接触的机会，这些专业经理人也非常希望可以挖掘到创造未来的可造之才。

这次系列讲座由大陆虎啸奖评审主席团主席吴孝明教授统筹安排。听说吴孝明教授仅靠微信，便邀请到了来自北京、上海、香港、台北等地的营销传播界精英，乐意周六一早到辅大上课。

而负责接待的我，是从头听到尾，耳闻目睹了第一手资料，收获满满。时报出版公司的编辑们把这些课堂的精华集结成书。

辅大传播学院前院长吴宜蓁数年前曾广发英雄帖，邀请各路传播营销界大咖到校授课。没想到的是，短短几年的时间里，台湾的营销产业就迅速转入冬天，人才快速流失。有的学者嗅到全球传播科技的转型和创新商机，因此也积极邀请专家开设创新课程，如大数据运用、人工智能、虚拟增强现实（VR/AR）、程序运算思维等，盼能培养出未来时代需要的高精尖人才。而大陆在网络营销领域已经积累了很多成功的案例，非常值得我们借鉴。辅大让学子们能够一边在台修课，一边还能直接学习到大陆经营者的创新思维、国际观，以及如何获得跨领域合作的机会，这对提高他们未来在职场的竞争力助力极大。课堂上，大陆学生反应尤其积极，几乎每堂课都在向讲师们打听未来能否在他们工作的公司里获得实习的机会。

一学期下来，大陆的各位讲师频频称赞台湾年轻人有创意、有礼貌、文化素质好。同时，讲师们也集体对如何抓住大陆"95后"的消费市场喜忧参半。喜的是，年轻人带动了网络市场；忧的是，怕自己太老，把握不到新兴一代的市场脉搏。所以他们每一天都兢兢业业地对待来之不易的成绩，如履薄冰，毫无傲气可言。如今移动通信已经全方位渗透到人们的生活中，能在十几亿人口和全球市场中生存下来的，必有道理。诚挚地希望借着这本书，能让更多的人也宛如亲临辅仁大学上了一堂价值百万元的课。

黄乃琦

# 编著者序

## 搭建起两岸数字传播领域交流的桥梁

记得在 2016 年初返台开会的时候，机缘巧合，与吴宜蓁院长聊起在辅仁大学传播学院开一堂课的想法。作为一个在北京从事数字广告 10 多年的台湾人，我非常愿意将自己在大陆数字营销行业工作中积累下的经验与资源带到台湾并分享给广大同学，以期对他们以后进入职场有所帮助，并可作为借鉴。同时，我身边有许多数字营销行业的精英好友，他们非常乐于从不同的视角介绍和解读两岸特别是大陆 IT 行业的市场现状，于是这个系列讲座的雏形就慢慢形成了。我的脑海里反复罗列着公司的名单：百度、新浪微博、谷歌、脸书、凤凰网、一点资讯、小米、奥美、麦肯等，都是当前大陆甚至亚太数字营销领域的佼佼者，由这些公司的领军人物带给同学们的内容代表着当今数字营销与传播领域的最新思维与案例。不过，我对于这些每天都超级忙碌的好友究竟能否腾出时间专程飞来台北上一堂课，并不太有把握。总之，先努力邀约吧！

这份名单让院长觉得这堂系列讲座越来越值得开设。不仅如此，院长还觉得可以等学期结束后把全部课堂内容结集成册出版。这让我开始有了压力。为了让同学们能在课堂上有所收获，为了课程内容可以顺利出版以便让更多的读者有所受益，我必须努力打造出明星级的讲师阵容，才能不负所托。

当学校正式通知我2017年2月开课时，我赶忙开始了第一轮的邀约，编写微信说明初衷，并逐一发给遍及北京、上海、广州、香港、台北的好友们，然后静待佳音。

令人惊喜的是，收到的每一个回复都是"我愿意！"在这个过程中，我没有打过一个电话，没听到一句疑问，以至于整学期的讲师阵容正式出炉时几乎与我预想的名单一模一样！后来虽然有两位讲师临时因公不能出席，但他俩不仅指定了和他们相同级别的同事代替授课，还承诺下次开课时一定亲自到场。我要借此再次感谢每一位讲师为此付出的巨大努力。

就在敲定好一切，开课在即的时候，我在北京与虎啸传媒创始人聊到了辅仁大学的这个系列讲座。他当即表示愿意将辅大课堂纳入虎啸校园公益讲座系列，并对每堂课进行深入报道与传播。

这不仅减轻了我的负担，还让这个系列讲座被广为周知，嘉惠到更多两岸学子与行业人士。在此，我要衷心感谢虎啸传媒！

还要感谢时报出版公司，费心协助本书的编撰出版与发行工作；感谢辅仁大学，尤其是我 30 多年的青年友好访问团老友黄乃琦老师，每周风雨无阻地代我开场与主持；感谢吴院长的热心安排与支持，让我有回馈台湾校园的机会；感谢两位助教景怡与冠吟，协助每位讲师的接送安排与行政工作；最后要感谢每一位同学，是你们的用心听课，让讲师们的不辞辛劳最终结出了丰硕的果实。

这本书的出版，记录并见证了两岸精英携手培养下一代数字营销与传播人才的动人篇章，为两岸数字营销与传播搭建起了沟通交流的桥梁。这将是一个全新的开始！

**吴孝明**

# 目 录
# CONTENTS

## 第一讲　如何精准解读市场
### 数字营销的变与不变

## 第二讲　快速打造起立体化的营销网络
### 营销如何成功落地

# 第三讲　营销是团队合作的结果
## 数字整合营销，创造品牌价值

## 第四讲 营销应该如何精准投放
### 新媒体环境、公关手法的变化与创新

## 第五讲 营销如何撬动人心
### 变幻莫测的消费者行为

## 第六讲 营销一直在颠覆传统
## 年轻人拥有不一样的消费新主张

## 第七讲 网络平台变革
## 变化是永恒不变的真理

## 第八讲　如何与用户引起共鸣
### 移动时代，营销必须以人为本

## 第九讲　人工智能与营销
### 人工智能如何帮助营销做出决策

## 第十讲　小米的智慧营销策略
### 小米如何找到营销的风口

## 第十一讲　移动网络翻天覆地式的变化
### 有关移动网络，业者在思考什么

## 第十二讲　迎接未来
## 大数据时代的网络营销

## 第一讲

# 如何精准解读市场
## 数字营销的变与不变

网络所引发的社会变革的最关键处，即在于它改变了我们的传播和生活方式，甚至改变了我们的生产方式。现在市场随时都会有新的创业团队冒出来，有太多的公司为了上市圈钱，不管是搭建一个新的平台、开发一种应用程序，还是革新某一项技术，都被叫成"创新公司"。

到底是创意重要，还是技术重要？从我的观点来看，广告创意和数字技术并不冲突，甚至是相辅相成的。因为技术会改变创意，而创意会改变未来！所以，未来将是网络与一切和生活相关的事物做链接的时代。简单来说，只要和网络结合，就等于抓住了机会。

——吴孝明

**讲师：吴孝明**

曾先后任台北决策公关总经理、北京奥美移动营销总经理、易车公司副总裁、北京新意互动广告公司总裁、北京宣亚国际首席战略官、北京英帕沃数字公司董事长，现任华谊嘉信联席总裁。

# 变幻莫测的移动网络时代

2016 年年底，全球有 39 亿网民，中国大概有 7.1 亿网民，普遍开始使用的设备主要是智能型手机和平板电脑。电视则是由传统电视或机顶盒电视逐步过渡到智能型电视及网络电视。同时期，产品的平价化造成了大陆智能型手机的疯狂销售，销量已达10 亿部，似乎每个人都能轻易拥有一部。这也促使产品厂家更加愿意通过移动网络将广告呈现在消费者面前。同样地，App 的使用率也涨到了 72%，消费者花在计算机上的时间变少了，微博、微信这样的社交 App 已经成为消费者主要接触讯息的渠道。

在 网 络 使 用 量 上，光 是 BAT（百 度 Baidu、阿 里 巴 巴 Alibaba、腾讯 Tencent）这三家公司就占据了大概 71% 的份额。微信从上架以来到 2016 年 9 月，活跃用户已达 7.68 亿，50% 以上的用户每日使用的时间长达 90 分钟以上，发讯息的次数较2015 年上涨了 67%，每日通话总次数达 1 亿次，比 2014 年上涨了 180%。根据调查："80 后"的用户喜欢的歌是《走着走着就散了》，"90 后"的用户热衷于关注演员和歌手的消息。

2016 年，60% 的网民用户是 15~29 岁的年轻人，每人平均有

128 个好友，在投入工作之后，用户的好友平均会增加 20%，购物高峰期则是早上十点和晚上十点，而 2015 年的数据是早上十点和晚上十点半。仅在一年间数据就有了这样大的变化，可见趋势是年年改变的。由此可见，若要推销产品、发软文稿或者做宣传活动，就要好好利用早上十点和晚上十点这两个时间节点。

2000 年以前，我们还处在传统媒体时代，要想把商品讯息传递给普通大众，只需要在广播、电视、报纸上登广告就可以了。2000 年到 2009 年，互联网的传播速度和覆盖范围日渐超越了以往的传统媒体，使原来的传统单向内容传播转变成了双向互动模式，许多成功的互联网营销案例也随之应运而生。

消费者的媒介使用习惯也改变了不少：碎片化是指消费者接触媒体的时间是分散的；双线程则是指大家现在习惯同时分心做两件事情或以上。在这两种趋势的带动下，消费者沟通的方式、场景也会和以前大不相同。

所以，这个时代的营销模式，要考虑到当下用户观看的状态，了解当时的场景，预知用户的需求和兴趣点。他可能在听讲或正在走路的同时就在滑手机，所以大量的讯息一晃就被消费者扫过去了。当你的广告或信息进入消费者视野的刹那，若没有抓住他的眼球，你的广告很可能就被轻易忽略掉了。

## 数字营销时代，流量为王

只有掌握流量才能知道消费者在哪里，信息该从哪里出去。在此分享一个 IBM（International Business Machines Corporation，国际商业机器公司）的经典案例。靠着数据分析，警方及时制止了一桩犯罪案的发生，因为警方通过数据预测到了在哪个时间点、哪个便利店附近可能会有人"即将"犯罪。所以警方守株待兔，及时捉住了预谋犯罪的人。在此要强调的是：数字营销时代可能即将迎来新的拐点 [1]。当初微博出来的时候，大家认为它已经打造了一个新世界。然而微信出来后，又是另外一番新景象。

在抢占未来流量入口时，问题就发生了：PC（即个人计算机的缩略形式）时代流量入口在计算机，移动网络时代流量入口在手机。现在投放的广告，若不在手机移动端做点文章，很可能就会在粉丝互动中被淘汰。那么，除了 PC 和手机，未来的流量入口还有可能在哪里？

未来的一个流量入口很有可能会是"智慧终端"，即运用很多智能变革、网络技术以及许多前所未有的穿戴式设备等来达到联结目的的终端。阿里巴巴集团首席执行官张勇曾经说过："车联网把云计算、网络和操作系统与汽车做了完美结合，会把汽车变成网络联结的下一个入口，变成万物互联的一个新里程碑。"

所以阿里推出 YunOS For Car，他们不做车，他们和车合作，让汽车上面搭载 YunOS，就和苹果 IOS 系统一样。YunOS 不仅可以提供导航，还具有优化地图，让地图从应用变成桌面等功能。另外它还带有双盲定位，即使没有网络也能作为导航来使用。此外，系统中还配有自适应地图、语音互动、全景摄影等等，这些都将成为汽车的第二个引擎。

马云曾说："现在的手机安装了操作系统以后，80% 的功能跟打电话都已经没关系了。"同样地，未来汽车加入 YunOS 之后，80% 的功能也与交通出行无关了。用户会在开车过程中有其他的操作体验，而不仅是开车。阿里和荣威曾经合作了一款车，即 RX5，上面就搭载了 YunOS For Car。展示当天，马云在车上下单点了咖啡，现在这样的操作在汽车上已经可以非常频繁地运用了。

2006 年刚开始做网络营销的时候，我们还在呼吁客户对这一领域的投入预算至少应该达到总预算的 8%。那时候的网络指的还是 PC 端，而预算投入多集中在新浪、搜狐等门户网站上，并且以投放广告为主。现在，已经没有一个客户好意思说自己在移动网络上的营销费用预算低于 30%，有的广告主还会很自豪地跟我们夸耀："我们把 50% 的预算都投在网络上了。"

2015 年，中国的网络广告市场规模高达 2 000 亿元。随着它的规模不断扩大，获利空间也呈几何倍数不断增长。近几年的其他媒体广告，因为预算的减少，业绩增长相当困难。相较于其他媒体，数字营销因为客户对其投入的预算愈来愈多，相较之下业绩提升会轻松许多。

谷歌 CEO 曾说："我可以很直接地说，网络将要消失，未来将有数量巨大的 IP 地址、传感器、可穿戴设备，以及无法触及却可与之互动的东西在时时刻刻伴随着你。想想看，你走入房间，房间会随之变化，有了你的允许，你将与房间里所有的东西以及发生的一切进行互动。"这就是未来的世界。

## 如何玩转微信小程序

2016 年 12 月，《纽约时报》以一则时长为 5 分 12 秒的影片介绍了微信。美国的读者通过这部影片可以清楚地了解到中国的微信是什么以及有什么样的功能。也许中国台湾人比较常用 Line，但是大陆市场几乎只玩微信，而且玩得非常疯狂，比脸书、推特等 App 使用率加起来的总和还要高。美国人给它的定义是 KFC（kaobei from China），也就是说外国需要向中国学习的时代已经到来了。

关于微信城市覆盖率的数据报告显示：一线城市有 93% 的人在使用微信，二线城市有 69%，三线城市则有 41%。根据另一项数据分析显示，"60后"喜欢心灵鸡汤类的文章，"80后"喜欢掌握国家大事，而"90"后热衷于娱乐八卦，这些数据呈现出了微信典型用户的使用习惯。

当你知道一名微信用户的生活轨迹之后，你就会知道什么时候和用户沟通是最有效率的，这对做微信营销的人来说非常有帮助。据统计，所有用户利用微信通话的时间一天高达 2.8 亿分钟，相当于 540 年。

现在已经很少有人用手机打电话了，毕竟微信的免费通话功能太方便，连电话会议也可以利用微信来开展，所以我们可以很清楚地明白：微信已经占据了消费者生活中很大块儿的时间。

以往若要下载 App，需要在微信上打开很多的应用端。但"微信之父"张小龙在 2017 年 1 月 9 日上线了"小程序"，这是一个令人关注的重大发展，因为这个"小程序"很可能会改变微信整体的未来营运模式。

小程序是什么？

用户无须下载 App，只要在需要时从微信搜寻名称即可。以"携程"为例，只要在微信上找到携程的小程序，打开小程序订完票就可以直接关掉小程序，想要就用，用完就丢，不占任何空间流量。

2017 年 1 月 9 日同步推出的还有二维码。以后只要扫描二维码，就可以直接打开网站，进去看完然后关掉就可以了。以后走在路上，不论是户外广告牌或是海报，上面都会印上二维码，经过时只要用手机一扫，不用下载就能看到信息，看完或者买完东西后就可以直接关掉。

## 众媒时代激发 UGC 创意

UGC（User Generated Content），指用户原创内容或其他开放性媒介的内容。众媒时代来临，人人皆是媒体，品牌更需要激发自己的品牌的原创性。

有个有趣的例子，杜蕾斯在国外举行新品上市发布会，和北京有三小时时差，于是北京会场这边做了一段直播：整整三小时里只有一男一女站着的画面镜头。

"这是干吗呀？！""搞什么鬼啊？！"各种议论之声持续了近三个小时，传统营销觉得杜蕾斯这样做简直是疯了。但是杜蕾斯的企划团队不以为然，他们认为这样的策划对目标受众是有效的。果然，看过弹幕留言后就知道这样做确实引起了很多用户的关注，有很多人甘愿为此足足等上三个小时。之后有很多商家也开始尝试这样的做法。

还有 2016 年 7 月 8 日的 "4 小时后逃离北上广" 活动。当天早上很多人收到一则微信讯息：只要你现在乘车去机场，就有机会抢到起点为北上广这三座城市的免费机票。

有人去了，而且一共有 20 个人真的有机会拿到机票，然后要去哪里呢？有个例子是北京去兰州，你得马上背着包就走，机票上还会提示你：请你到那边找个图书馆，看一本书，或是 "找艘小船划一划"。

到了兰州、宁夏等地点都有指定任务要做，做完之后拍照并分享到网上。当天有很多人跑到了机场，晚到的人也能拿到小纪念品。四个小时之内，有近 100 万人转发了这则微信，粉丝量增长超过了 10 万。所以，数字营销其实就是互动营销，必须和消费者有创意地互动，并且互动是要卷入式、容易操作、有话题性的。

以小时光面馆为例，这个品牌已经走过了 16 年，仍在期待有所突破。2016 年，他们推出四部广告片，小时光面馆原本是虚拟的面馆，最后真的做出一个真实的小时光面馆，消费者甚至要求不要拆掉，让它继续营业。

广告可以做到让消费者如此心动，表明这则故事说到了每一个人的心里。

## 尊重内容，尊重创意，更要尊重用户

作为广告人，在关注市场变化的同时，还要回归本源。手段、技术、形式、资源会有所变化，但尊重用户、尊重创意、尊重内容，是不变的真理。

什么样的东西才能够抓住客户？第一就是用户体验，现在消费者已经从旁观者变成了参与者，在体验感不变的情况下，需要让品牌跟用户产生良好的互动行为。

举个例子，有个叫作 Dr. on the way 的智能型产品。我们在坐公交车的时候常常抓着扶手，后来有人在扶手上面贴广告，现在因为数字化的普及，有人在扶手上装上了 LED 显示器，当你的手抓住扶手时，就可以检测血脂、血压、心跳以及其他身体健康指标是否正常。打开 App，这些数据就可以导入你的手机里，非常方便。以后，这样的人与广告之间的即时互动还将被更广泛地使用。

有一天，《人民日报》上出现了一则 vivo 手机的二维码广告，旁边只附加了一条广告语：再美的文字赞美这部手机都是苍白的。只有扫描二维码进去，才会看到详细的产品讯息。还有一个案例是金立手机，他们把同一天的报纸上的同一个版位买了下来，但是每一份报纸只显示整个广告内容四分之一的信息。如果读者只买了一份报纸根本不会知道这则广告到底在说什么，但金立手机会在社群媒体（social media）上同步公布"海阔天空"四个字的消息，读者不需要买齐四份报纸也能知道讯息。金立手机不但为自己的产品制造了话题，也让报纸变成了能玩出新花样的媒介。

现在人与人的关系都在变化，信息的获得不仅碎片化，更有扁平化、去中心化的现象。传统时代，讯息由中心往外传播，中心是唯一的消息源。现在则是每一个点都是消息源，每一个消费者都是传播讯息的重要核心。

2006年《时代》杂志的封面人物选择的是"你"。为什么选择"你"？它的获奖语是：因为在这个时代，作为消费者的"你"夺回了全球媒体的主控权，开创了一个崭新的数字民主时代。因为"你"不求回报的付出，击败了自认主导世界局势的大人物，所以"你"成为2006年的风云人物。

## 第二讲

# 快速打造起立体化的营销网络
## 营销如何成功落地

　　从过去的电视媒介、门户网站到现在的社会化媒介形式，内容生产方式发生了翻天覆地的变化，内容生产不再只是专业领域才能胜任的事情，有更多的内容出自用户原创内容（UGC），新闻随时随地都在发生。

——王雅娟

**讲师：王雅娟**

原新浪微博高级副总裁，北京大学信息科学专业学士、工商管理学硕士。

2012 年加入新浪任商业运营副总裁，2014 年调任微博负责销售及商业运营副总裁。加入新浪前曾就职于惠普、微软和百度。2016 年起任中国广告协会学术委员会委员，2017 年 6 月，与陈刚共同出版《超越营销》，揭示了微博的数字商业逻辑。

2016 年，中国大陆网友的总数已达 7.1 亿，与欧洲人口总数已经大致相当，而网络的普及率更是达到 53.2%。

随着网络的快速成长，网民增加的速度越来越快，主要得力于运营商体系建设越来越成熟和完善，以及智能手机的普及应用。

在中国，运营商的产品体系以华为为例，其 2016 年的营收总额已经超过 5 000 亿人民币，市场遍布全球各地。

另外，智能手机的发展在中国非常快速，十年前去深圳，那里有条"华强北"商业街，充斥着各种山寨产品。如今，当时的仿冒与抄袭已不复存在，现在中国智能型手机市场的销量、厂商、品牌发展已令人相当吃惊。

全球手机市场占有率，iPhone 排第一，三星第二。中国还有小米、华为、OPPO、vivo 等品牌。

以 2016 年数据来看，出货量第一的是 OPPO，一年的出货量达 7 680 万部。因为年轻人把手机变成一种时尚品、消耗品，淘汰速度非常快，市场的趋势也让中国的网友总数冲到全球第一。

因为中国人口基数较大，所以量级值很惊人。整个跟网络相关的营收总数，也是从亿级跨越到兆级的规模。

如果网络的总数主要得力于移动网络，那么移动网络的普及必须归功于智能型手机的普及。中国的智能型手机与 iPhone、三星最大的差别是什么？可能就在于它的成本非常低，价格也便宜，不到 1 000 元就可买到。


## 微信 PK 微博

在分类即时通信软件时，我们会把 QQ 和微信放在社交通信领域，把微博放在社群媒体领域，把更深层和垂直的贴吧和豆瓣放在小区领域中。在 2013 年下半年之前，微信还是不如微博的。微信能够从 2013 下半年开始迅猛成长，主要有两个原因：

第一，在 2013 年下半年之前，偏政治的内容可以在微博引发话题。比如在中国看新闻常会看到"拍苍蝇、打老虎"之类的词语，就是整顿官员的腐败。其实 2011 年、2012 年时，微博在这方面的内容虽然不是很多，却非常具有影响力。

2013 下半年后，政治性言论的大 V[1] 的受关注度普遍有所降低。站在平台的角度，我不认为一个有很好的传播性、话题趣味性的社会化平台，应该过度关注政治新闻，这样对于社会和平台本身不是有利的。从平台角度而言，我们需要考虑非政治的元素，因为人们来微博不应该只关注政治大 V 的话题。如果这是唯一的增值元素，这个平台的商业价值也会受影响，那还不如成为一个单纯的政治论坛。

因此 2014 年微博上市之前，我们做了很多内部的头脑风暴，因为当时把微博做起来的难度非常高，其中一个首先需要考虑的重点就在于如何将微博和微信的定位做出区分。

我们认为微博的用户之间是以兴趣为基础建立起彼此的联系，而且用户相互之间处于"弱关系"状态。他们不一定要是家人、同事或朋友这样彼此了解彼此认识的关系，只是因为我对于你发的内容感兴趣而单向关注，甚至单纯因为喜欢这个人的长相而关注，也是有可能的。

2011 年和 2012 年的微博除了因政治内容发挥了很大的影响力之外，娱乐性话题也是另一个让微博关注度提升起来的关键性因素。

很多用户使用微博是因为有喜欢的明星，比如有人喜欢李易峰、陈伟霆，但是只有在微博上才能看到他们发出来的内容；或是我喜欢"雨神"萧敬腾，我要看他准备在哪里开演唱会就把雨水带到哪儿的有趣话题和讨论。

第二，在有微信之前，微博上的内容很多元，包含政治、美食、旅游等等，而现在这些内容较常出现在微信的朋友圈中，因为它的关系链比较紧密。对于普通人来说，在微信里比在微博里更有存在感。

若作为普通用户刷存在感，微信会比较好，但对于较具争议、更有传播感的话题，例如明星离婚，则是在微博上传播得更快，而且讨论度更高。所以微博会更加注重"兴趣"与"弱关系"的建设。

## 社群广告的崛起

从月活跃用户的角度观察，微博月活数有 3.4 亿，而微信则是 8.5 亿。无论是微信或是 QQ 都远比微博量大。当我们不是用户量最多的平台，我们该往哪里去？

在社交媒体细分类中，微博的月活数排在显著的第一位，从社交网络 App 使用度来看，社交 App 使用率非常高，每天累积使用时间超过一小时以上的用户有将近一半之多。

用户来到微博这种社交型的网站，可以看出他们多半着重于分享知识和感兴趣的内容、了解新闻、和朋友互动等等，这些都是用户使用社交网络的主要出发点。

再从微博的广告角度来看市场规模，2018 年达到 374 亿元。2016 年的广告数据是 200 亿元。社交广告（Social Ads）在中国整个广告行业市场中仅仅占据了非常小的一部分。

全中国一年的广告营收约在兆级人民币的规模，互联网广告约有 4 000 亿，可见社交广告才刚刚起步。虽然增长速度非常快，但在互联网营收中，社交广告是近二三年才出现的最小的一个新增类别。

在中国将近 4 000 亿元网络营收的大饼里，有一半收入来自"效果类广告"，例如像谷歌一样采用的实时竞价（RTB）[2] 模式，多数是按"每次点击成本"（CPC）。

竞价或是"每千次浏览成本"（CPM）这类广告，会更关注广告的展现，即所谓曝光、点击量和登录。另一半的收入来自阿里巴巴、百度，他们以流量型为主的广告营收方式服务企业。还有一小部分来自影片。

在没有网络的时代，企业会倾向于选择订阅数多的媒体投放广告，比如电视、报纸、杂志、路边的灯箱广告等等。有些中小企业买不起大的广告位置，甚至会在电线杆上贴广告。

实时竞价的广告方式是按点击量付费，很适合营销费用根本不足以支撑大型广告的中小企业或是刚起步的企业，预付 5 000 元，就有机会投放效果广告。当有合适的用户和广告展示机会时，投放广告就有获得流量的机会，并带来相应的点击、到店、转化等后续行为。

以前商家对电视的广告投入占比最大，因此在中央电视台

（CCTV）每年的招标数据就是业界的指针。

现在互联网和移动网络发展的速度太快了，年轻人几乎不看电视，广告主、企业也把更多的预算转移到了网络。在转往网络的过程中，第一受益的媒体就是影片，本来是拍摄影片后让电视台播出，现在还可以把影片转移到网络上的影片网站。

微博给用户提供了创作、分享和发现内容的机会，其定位是"用中文内容来服务全球华人，做专注于中文内容的媒体"。新浪是中国最早的门户类网站之一，在 2009 年时就成立了微博。

像新浪和微博这样深具媒体基因的公司，始终强调生产和传播好的内容才是媒体最该做的，最体现其核心价值的部分。内容的生产指内容从哪里来、谁来做、做成什么样的形式，内容的传播则是把什么样的内容分给谁、有什么样的效率。

传统媒体里聚集的都是从事专业生产内容的作者、记者、编辑，或者是各行业的专家。

这些人有他们的情怀，比如记者之所以被称为"无冕之王"，是因为记者能针对实时性、客观性、全面性、准确性等维度，提供不一样的内容和关注点，进而对社会造成巨大的影响力。

现在的网络、门户网站[3]等新兴的媒体形式，最大差异就是内容生产方式有了很大变化。他们提供的不再只是专业化生产出来的内容，更多的内容来自用户原创，可以说新闻随时随地都在发生。

## 微博的媒介形式策略

有一个小男孩，他爸爸帮他成立了一个 weibo.com 的网站，我们起了微博这个名字之后，就花了 50 万元从他爸爸手里把 weibo.com 买了下来。weibo.com 刚做出来的时候非常红，因为新浪曾经摸爬滚打在各领域累积了很多资源，并且我们还把已有的流量导入了微博。在这里可以看到有名的企业家、政治人物，重点是还可以看到明星的动态，之后很多社交软件都在效仿这样的做法。

2014 年上市前，新浪微博这个名字正式更名为"微博"。刚刚上市的时候，微博成长速度非常快。2016 年的月活跃量是 3.13 亿，日活跃量是 3.9 亿，全年新增的用户有 7 700 万，基本上以移动端使用为主。

大家都会关注到微博曾经经历过一段非常艰难的岁月，上市时还碰到很多困难。不论是个人还是企业，碰到困难反而可以让内心平静下来并有所反思，因为我们知道，所经历的困难和磨炼都是在为未来积累财富。

当时，我们做了三个重要策略：

第一，"移动化"策略。微博最初的产品都是从 PC 端做起的，随着智能手机和移动端的快速发展，我们渐渐发现只有掌握移动端才是关键。想想现在大家起床第一件事和睡觉前最后一件事都是滑手机，黏着度非常高。

所以微博的第一个策略就是跟上"移动化"的浪潮，除了产品优先开发移动端，PC 端适当地放缓之外，微博还和智能手机高度捆绑。我们联系了各家主流品牌手机预装了微博 App，手机用户在买到手机时就能看到，只要想办法去激发这些用户使用 App 即可。大多数智能手机用户是年轻人，对他们而言手机是时尚快销品，所以我们对移动端的开发和设计一定要满足年轻人的口味和习惯。

微博在大学生年龄段的覆盖率高达 92%，男女比例差不多。活跃的用户每天除了看微博发布的新闻以外，尤其是女性用户还喜欢参与互动、讨论、转发和点赞。2014 年的时候，一、二、三、四线城市用户大约各占 25%，港澳台约占 5%。最近，三、四线城市用户量的发展速度非常快，两部分加起来已超过 56%。

第二，坚持"多媒体化"策略。推特（Twitter）是美国社交媒体的龙头，但有各种类似推特的新媒体，像脸书、IG、Snapchat 等如雨后春笋般冒出来与其竞争。

所以我们不断改进技术以保证微博能够对接和承载任何最新的技术形式。无论 2G、3G、4G 乃至 5G 网络带给或即将带给互联网的什么样的变化，无论智能手机呈现出怎样的媒体形态，微博都要能够与时俱进。现在用户在微博上可以进行文字、图片、影片、直播等各种形式的传播活动和互动。

在号称直播元年的 2016 年，一时间涌出 200 多个直播 App。微博也做了"一直播"作为能跟微博打通的直播平台。虽然一直播属于后发，但我们一直有非常强的信心能够后来居上。

运营 App 的最大难处就在于寻找可以聚集大量用户每天使用的理由，而微博拥有一天 1 亿多日活跃用户的流量，是其他平台无法比拟的流量优势，而且丰富度和传播性也远高于其他平台。直播的主播们会选择观看流量大、可以增加影响力、传播性更好的平台进行直播，借此累积粉丝，并培养粉丝的黏着度以吸引他们再访，微博便是可以满足直播主上述需求的平台。

微博除了是一个社群媒体，更关注以讯息为纬度的弱关系建设，以多媒体形式展示最新内容的媒介形式。只要是移动网络、营运商平台，或是智能手机能承载的任何媒介形式，我们都会把他们吸纳进来。

第三，垂直化策略。什么叫垂直化？就是去关注更多兴趣和内容的生产与传播。垂直化策略要做的就是会分类细化运营用户感兴趣的分类内容。我们还会区别出所谓的用户原创内容和专业生产内容。有些用户原创内容虽是自媒体，却有非常强的专业生产能力，这也是影响自媒体用户使用微博的重要原因。

微博最初的战略着力点在娱乐板块，微博上有的明星粉丝量高达 7 000 多万。例如，某明星发个微博说我家宝贝如何了，底下的转发、评论、点赞数可以达到几十万。虽然有这项优势，但也不能干等明星发布内容，平台需要主动运营内容。

于是从综艺节目着手，周末电视播出《中国好声音》《无限挑战》时，会有很多用户边看边吐槽，哪个好玩、哪个不好玩。于是微博慢慢开始和电视台的节目组做深度讨论，最初微博会主动联络电视台，电视台也会乐于借助微博扩大节目影响力。

电视台是传统媒体，只有在播出时才有分发、触达观众的能力，但是借助了微博这样的社会化媒体平台，可以在播放前预热、预告热门话题。电视台有更多的内容可以公开，就可以给观众更多的话题来关注节目。

当节目播完时，其实电视台就没事了，但在微博上仍然会有话题在持续发酵和被讨论。

有了社会化媒体的配合，能使节目的热度更持久、高涨，在微博上的讨论量愈高，电视台的收视率也会有相应的提升，两者之间有着非常强的正向带动关系。

2014 年微博最困难时就开始和头部节目（顶级节目）合作，到了 2016 年，微博已经跟所有电视台的综艺节目签署了"社会化传播合作战略伙伴"协议，总共 160 多档，包括一开始我们没有主动推进的一些电影项目。

有这个身份的好处是，电视台会为微博单独剪辑内容，节目组也会要求明星转发这些微博，间接使电视台变成了微博的内容生产方，微博则在平台上帮它们推动、传播和宣传造势。

在综艺节目上获得初步成功后，我们便开始推动电影。2014年有两部相当热门的小成本电影，一个是郭敬明的《小时代3》，在微博上有3 000多万的粉丝；另外一个是韩寒的《后会无期》，在微博上有4 000多万的粉丝量。两部电影票房都非常好，使用的是同一套宣传手法：在微博上发动郭敬明和韩寒的粉丝去炒作、讨论电影话题，微博开启电影购票App，并将更多影评人拉入微博注册账号，让他们发布电影评论。

在这两部电影后，微博开始成为电影宣传的重要渠道，像是在微博上公开花絮、预先售票，或是让观众看完电影后分享意见，上传票根和照片，组织抽奖活动等，让电影延长为连续的活动。

一部电影九成左右的成本要等到上映期的第二到三周才有可能收回，另外一成来自电影的版权和售卖周边产品，因此院线排期能直接影响票房的高低。

微博预售票的销售情况，会直接作为院线排期的标准，通过微博预热的结果可以预估电影热度。中国电影100%会在微博上做预热，外国电影则是50%。

## 有效传播兴趣，累积大量粉丝

微博会在各领域进行垂直化，除了明星，"天才小熊猫""回忆专用小马甲""暴走漫画"等内容有趣的自媒体账号也广受欢迎。这些账号可以通过微博平台得到收入，包含广告代言和电商收入，还有打赏等。

现在中国很多公司以联播网（MCN）[4]的方式投资与生产短片，因为内容简短好做，当有了收入，生产效率就会提高很多。

2016 年既是直播元年，也是网红元年，网红因为个人的兴趣爱好吸引了大量兴趣相同的人。有些网红偏重内容，有些则偏向商业。

如张大奕，她可以在微博上吸引 400 万名粉丝，每发 10 条微博便有一条是介绍她在淘宝店上的新产品，每个新品的月交易量都有上千件。可见微博是立足于兴趣产生、兴趣传播和粉丝累积，网红无论是搞笑还是商业形式，都有可能累积粉丝，而且粉丝年限颇长。

现在微博上有五十几个深度营运的垂直类目，当传统意义上的大 V 累积的粉丝已经达到饱和时，他所发布的内容可能就越来越趋向于大众型的泛泛内容。若着手挖掘垂直兴趣，就能打破大 V 的上限。

　　每个领域都有很厉害、有趣的人，重点是能否将他挖掘出来，并把他介绍给有相同兴趣的人，这是微博未来很重要的发展策略之一。

　　根据一些联播网和网红的数据，如冯朗朗，做了一个24小时的视频直播，请所有乐意参加的网红参与。当天报名了4 000多人同时在微博上直播，冯朗朗当天汇集打赏的流水（收入）是120万元，可以发现网红效应直到现在仍然明显。

　　在商业应用上，除了用户市场面对内外夹击，商业端同样面临困境。营销领域都是求新求变的，任何一个企业要做出区别，便要在学习他者优点的同时，将其转化为自己的方式。

　　企业甚至要和过去的自己做出区别，去年做过的，明年不会再以同样的方式做。

　　营销领域对于热点和新鲜事物的敏感度很高，当热点不再热门，或是平台效果降低时，就算是对微博也是弃如敝屣，一点都不夸张。

　　我在负责商业端营销时，经常听到的声音是："我们已经转向微信营销，未来不太可能和微博有太密切的合作。""是否还有人对微博有兴趣？""如何把客户的订单拿回来？"给我的任务充满挑战，让我如履薄冰，但我仍然坚持把订单拿回来后，每份订单都会按照承诺案例的标准和业内得奖的标准执行。也因为这样的出发点和坚持，在最困难时我们得到了综艺节目和伊利的赞助，我们用直播和与电视台合作等多种形式，让伊利的品牌形象和关注度持续提高。

## 营销必须具备超强的热点聚合能力

经过三到四个月时间执行前期的客户案例服务，过程中抽取了两个微博平台自有的特点。在困难时，去反思平台有什么特别的服务之处，是能为客户带来价值的。

1."热点聚合"的能力：这项能力在中国体系内没有其他平台可与微博抗衡。以马航飞机失踪事件为例，这是传播速度极快的事件，微博上谣言散布和辟谣的速度都非常快，可能微博在前几个小时都已经辟过谣了，几个小时后讯息才会传播到微信朋友圈，可见微博的热点聚合能力、传播速度、讯息自净能力非常强大，用户和企业都观察到这点了。

2.微博基于"兴趣"的关系：微博用户是基于兴趣建立起彼此的关注联系，相对不需要现实上的认识关系。在微博上类似的关注关系有 500 亿个，数量相当可观。

微博抓住这两个特点，同时丰富并更新了营销的广告形式，

加大对展示类广告、效果类广告以及热点聚合类广告的前期准备
活动，并基于这些广告的特点做了各种应用。

## 微博流量如何转化

微博流量主要的应用方式有三大类：一是流量经济类，二是
粉丝经济类，三是品牌经济类。

### 流量经济

微博平台每天有 1 亿多人次前往，如何吸引眼球，并将这些
流量转化成对企业的关注和购买力是关键所在。下面我举几个以
开机广告、搜寻彩蛋的方式来吸引用户注意力的案例。

开机广告：耐克在奥运开幕式当天发表了一个全屏幕的开机
广告，它是一连串连续的广告显示，微博上有用户评论说："哎呀，
我也是醉了！为了看一个广告开了 App 六回！"

搜寻彩蛋：OPPO 在 2016 年年底新发布的 R9s，便是以娱乐
化的方式进行了营销：OPPO 签下许多当红明星，当粉丝在微博
上搜寻这些明星的相关关键词时，手机屏幕会有彩蛋落下，点击

彩蛋就会得到相应的奖品。

鹿晗曾经是微博上粉丝活跃度最大的明星，一条微博的整体互动可达上亿次，微博曾因此帮他申请了吉尼斯世界纪录。

鹿晗在2015年年底在上海外滩的邮筒旁边照了一张照片，中国邮政便借此机会捧红这个邮筒。他们在邮筒上放鹿角，吸引民众和邮筒合照，结果邮筒也成为网红。

传统定义的细分以人口统计的性别、年龄、地域为主；微博的细分则是从兴趣着手，根据关注、内容、粉丝、活跃度、行为互动进而得出细致的分类。以娱乐体育为例，体育类别可以细分为是对篮球感兴趣。还是对足球感兴趣。若对篮球感兴趣，是对CBA感兴趣还是NBA感兴趣。假设现在要向对财经感兴趣的群众做推广活动，并精准到个人，只需要从FT中文网或财经网的粉丝中选定即可。

微博甚至可以直接把宣传和推广做到个别账号的等级程度。

细分之后便开始引流，像是引导用户前往官方微博查看内容，前往店铺网站参与活动，引导用户下载App或是引流到线下的O2O去兑换卡券，等等。微博有各种可以把流量转化成实际应用的方式。

从登录方式而言，很多应用一天会有约30%不知名用户或不用账户登录的流量，若想精确追踪这些用户，定位或再定位很难达成。

　　但是微博和微信都带有 User ID，每个人都有独立的账号，无论你是用三部手机其中的一部还是 PC，都知道是同一个人在登录。这种登录方式，能给我们对于用户的精准定位与流量转化带来帮助。

　　微博为此还做了一个顾客关系管理系统（Social CRM）。社群顾客关系管理是指用户购买产品后，送货地址和电话联系人等数据都会被留下来，这些讯息会回到企业的顾客关系管理系统做留存。

　　企业的客服中心会根据顾客关系管理系统里的讯息去追踪客户。微博在前端营销引流时，会把社群顾客关系管理系统里的信息加上带有 User ID 的用户交互消息，与企业的客服中心、顾客关系管理数据库的信息相匹配。

　　这对企业的好处是什么？很多用户对于消费需求的兴趣和爱好是很短暂的，若能在兴趣刚萌芽时就得到及时的反馈，会产生截然不同的结果。

　　例如，婚纱摄影公司韩匠婚纱在 2016 年的营收量级达到人民币 100 亿，其中有 55% 是通过微博平台的引流带来的。通过数据我们可以发现，如果企业和微博把这些数据打通后，企业做到了可以和用户实时反馈，接单能力相应地提升了 5 倍。

　　韩匠婚纱摄影里拥有一支 600 人的客服团队，如果用户看见了婚纱摄影的广告并点了一个赞，企业很快就会通过客服发送私信，说："你刚才点了一个赞，最近是不是有结婚或拍婚纱的需求？"如果用户说"是"，企业就能进行下一步的询问和推销，因此能够很快打通死循环。

### 粉丝经济——从单次曝光转为粉丝累积

微博营销对粉丝经济投以了更多关注。因为平台上是非常关注内容创业的，而粉丝经济就是内容创业型的绝佳领域。

在流量经济阶段，更多关注的是为企业带来的一次性转化，这样的业务数据称作"千次浏览成本"，按照每次点击成本、用户产生消费行为次数收费（Cost Per Click，CPS）。这是最传统的收费方式，企业给出一个推动，会得到一个响应，最后产生一个结果。

粉丝经济的阶段着眼处有所变化，从单次的曝光转变成粉丝的累积，重点是靠什么去吸引粉丝？

在媒体上一定是靠内容，这个内容可以是颜值也可以是其他。从商业的角度来说，用户产生消费行为次数收费是每一次交易的成本，平台会关注到每一个新粉丝的获取成本。

在流量经济的时代，最受关注的是单次曝光、单次点击、单次落地、单次成交的成本。如果单次成交成本是 5 元钱，单次成交企业获得的毛利也是 5 元钱，站在平台的角度是值得做的，至少还能够用成本换取收入。

粉丝经济关注的是个别粉丝的获取成本，以及个别粉丝的生命周期。根据不同生命周期的长度，能为平台带来不同的商业价值。小米手机便是成功应用粉丝经济的典型案例。

## 创建账号——发布内容＋吸引粉丝——累积粉丝形成规模——粉丝商业转化

小米手机创始人雷军要求每个产品经理要有一个关键绩效指标（Key Performance Index，KPI），每天必须在微博上完成一百人次左右的用户互动，所以小米的很多产品设计都来自粉丝的建议。

可以发布各种形式的内容去吸引粉丝，借此累积粉丝并形成规模。不同领域的粉丝规模要求不太一样。在中国理想的粉丝群量级应该在百万级以上，粉丝经济的规模效益才有可能体现出来。

形成规模后要拉动粉丝的消费购买转化率，有各种平台提供各种工具可供选择，比如卡券、店商橱窗、众筹等。微博平台之所以能做到从引流到实现购买的闭合循环，是因为阿里巴巴也投资了微博，所以微博和阿里系的淘宝、天猫、支付宝都是打通的，因此可以很容易地实现闭合循环。

案例一：

网红经济张大奕。

一年半内粉丝数达到 400 万，经营的淘宝店达到四皇冠，在 2016 年"双十一"时的前十分钟销售额是全网服装类第一，那天最终的服装类销售额第一的是优衣库（UNIQLO），由此可见其规模之大。

案例二：

2015 年 OPPO 李易峰"我是你的喋喋 phone""闪充 5 分钟，恋爱 2 小时"宣传活动，首发带有"李易峰"刻字的 500 台手机瞬间售罄，一个星期累积的预订量是 8 500 台。发布 R9 的时候又刻了 1 万台，5 分钟内销售一空。

**品牌经济——品牌借势，刮起品牌龙卷风**

社群营销和传统营销的漏斗玩法差异很大，最大的差异是在引发兴趣的过程当中。由于社群媒体是一个弱关系、强传播，能够聚合热点，让大家共同参与形成情绪共振的网络，所以在引发兴趣的环节会发生许多超出客户、平台预期和行业常规数据的案例，这是非常值得互联网的同人广泛关注和研究的。

将微博上的资源、红人集中起来进行直播，就能在粉丝间形成热潮。比如说 OPPO R9s 的新传播数据有 200 层，2014 年上市的时候他们的首席营销官（CMO）跟我说："我知道华为的 P7 一定会卖得比三星的 S6 好，因为 S6 的传播层级只有 8 层。"传播的层级意味着用户对这个话题的兴趣与喜爱程度，也直接影响到用户是否有意愿去分享信息。

于是企业不停地炒作，每个季度举行大活动，每个月举行小活动，即便是小活动也都高达千万级的体量。这样操作的好处是什么？

从天猫在微博上持续热门的表现来看，因为微博的业务数据闭合循环非常完整，所以可以清晰地看到和分析出新用户、老用户、用户访问频率变化、粉丝量的累积以及粉丝和非粉丝在交易数据上的差异等等。这些业务数据可以帮助商家判断出什么样的投入是值得的。2016 年年初，阿里的高层曾说："我们觉得天猫自己的声量已经够了，2016 年要联合平台上的超级品牌一起营销。"从天猫超级品牌日的活动来看，平均销量是平时的 12~24 倍。

宝洁（P&G）也是营销领域的神级存在，拥有非常棒的营销团队和运营体系，他们在使用微博时表示，"保洁的品牌需要'年轻化'，需要更多的年轻人喜欢我们的产品。"

宝洁同时提到了他们的担忧："我们的品牌有非常好的质量，但是因为创立时间较长，年轻人会觉得我们的产品都是给年纪大的人使用的。"

在着手品牌年轻化的同时，他们对消费者做了关于"25岁的年轻女生如何感觉到爱意？"的调查，结果显示是：男朋友轻轻抚摸她的秀发。于是宝洁和杨洋、陈伟霆两位年轻男星合作，策划了"触发摸摸哒"和"男神新发则"的活动。其中"男神新发则"的推广活动帮助宝洁在天猫的当期销量超过了"双十一"销量的3倍。

2019年开学季，宝洁携手天猫全明星计划发起"宝洁全明星学院"的活动。宝洁首次动用旗下七大核心品牌的代言人，推出宝洁全明星学院的厂牌IP，以明星矩阵助力品牌IP化。

活动上线首日，七位明星的粉丝都在不到一天的时间内完成了百万应援任务，主推明星款悉数售空，带动微博"理想生活，我要发光"话题讨论量持续火爆。微博端话题阅读量超7亿，讨论量400万，形成了居高不下的话题度。

## 多元衡量微博的社会化营销

在社群媒体出现之前，很难让上亿人同时关注一个话题，并让大家的情绪在同一个平台上共振。而微博在整合和利用"流量、粉丝、品牌"三股势力上所做出的努力和创新，大大促进和加强了兴趣关注的垂直深化发展以及热点聚合的超强能力。

从媒体的角度来说，微博算是社群媒体中相当新颖和闪亮的一位，从来没有一个平台能实现如此广泛的用户覆盖、持续的热点产生、超高速的传播速度，以及吸引群众关注热点话题的能力。

站在微博的角度，我期待和企业界尝试更多有创意的营销方式，也期待跟学术界从产业、学术研究的角度，共同挖掘这个平台更多的价值，相信不仅适用于营销，更能善加利用于社会生活等其他领域。

## 第三讲

# 营销是团队合作的结果
## 数字整合营销，创造品牌价值

整合营销并不是把所有东西绑在一起，而是要去整合对的素材。工具不代表全部，核心还是在于创意和概念。

——纪致谦

**讲师：纪致谦**

在加入麦肯广告集团前担任台湾灵狮广告总经理，并曾在意识形态广告、灵狮广告及麦肯广告担任业务总监、策略企划总监等职务，拥有20多年丰富的营销及广告实务经验。

　　今天我所要谈的其实是个很大的题目，它的原形是整合营销传播，即英文里常谈到的 IMC（Integrated Marketing Communications）。

　　整合营销传播这个词已经出现超过 20 年，数字时代也是十几二十几年前的事。现今在台湾营销传播界，最大的挑战在于如何整合全面性的数字化，让营销传播变得更有效益，这才是我们所要讨论的精神。

　　开头我会谈一下到底什么是整合营销和如何做整合营销，第二部分则要探讨一下麦肯广告是如何看待整合营销以及如何操作的，最后会从数字营销的角度讨论如何运用创意让整合营销变得更有效益。

## 如何打造营销热点话题

　　"无惧女孩"（Fearless Girl）是在 2017 年 3 月 8 日国际妇女节（International Women's Day）的活动。在纽约下曼哈顿，华尔街的公园转角，这里原本的地标是著名的铜牛，这个从 1989 年就被放置在此的艺术品，可以说是华尔街的象征。

3月8日，当天一大早，它的对面被放上了一个小女孩的铜像。一个小女生以无惧的姿态站在象征权力、金钱、力量的铜牛面前。

这是一个品牌形象广告。"无惧女孩"的巧妙之处在于，如果今天只是在广场上放一个女孩铜像，面对其他东西，它无法表达什么，当女孩铜像被放在一个众所皆知的地标、象征权力的铜牛面前，对话就发生了。

这是一家华尔街的投资公司（Street State Financial Advisors）制作的广告。这家公司非常重视平权主义，他们相信在公司里有许多优秀的女性主管，她们一样可以在财务世界里获得成功。

借由支持这个活动，希望唤起更多人对于女性可以在各个领域拥有和男性一样的成功事业与成就的认知。他们甚至拥有一只缩写为SHE的基金，这些基金的投资目标主要为雇用较多女性为高层领导的性别平等的多元化企业。

"无惧女孩"的活动获得了许多媒体的响应与广泛报道，短短几天内，它已经成为整个纽约和观光客的话题焦点。这是麦肯设计的活动，并不单纯是找了艺术家做个铜像摆在那里，而是一次非常成功的整合营销活动案例。

整合营销的真正意义在于其背后的思考脉络，而不在于它所使用的媒介或工具，只有认识到这点，整合营销的活动才会搞得尤为精妙。很难同时遇到这样的案例把对话空间、机会、时间点，让所有的可能性同时互相产生作用。

在国际妇女节，以一个小女生去对比铜牛这样有力的象征，就像拿小婴儿去对比战车，将力量反差做到了极致。在执行这项活动时，需要去思考如何述说这样的故事及公关如何操作，也需要思考如何在网络上发布讯息。活动的背后，其实是经过缜密分析和精巧构思的整合营销。

美国广告代理商对整合营销的定义是：认识到各种传播专业广告中的战略角色、公共关系、人员销售以及促销推广的全面性计划的价值，并将其组合以提供清晰性、一致性和最大的传播影响。

其中最重要的是拥有一个完整、全盘性的计划，一个能够去衡量不同传播工具的角色。回到活动和沟通的目的，才能去决定目标对象是谁、应该采取什么方法。也许是使用广告作为工具，像电视广告、报纸广告，或人员销售等；也可能不是传统广告的领域，例如直销和电视购物。

将所有评估后的价值整合起来，提供具有清晰性、持续性、极大化的传播效果，这就是整合营销的定义。

## 整合营销如同下棋

可以用选举操盘来形象地类比整合营销，像特朗普的当选就是非常成功的案例。选举需要一个组织非常有意识的协调与配合，需要长时间的造势，甚至会利用网络或者其他渠道制造谣言散播某人说过什么话，而散播这些谣言还不需要花钱。

整合营销无所不在，包括在造势现场接受记者访问时，候选人讲的话也都会和幕僚事先讨论过：今天这个地方的人民特点是什么、他们反对什么、他们喜欢什么、要和他们说什么，甚至包括在座的媒体有哪些人，要通过哪些方式传递消息……政治活动是彻头彻尾的整合宣传，虽然它是比较没有长期性的操作。

这也符合传播领域所说的消费者旅程 1：广告上市之前要先播种。例如，丰田（TOYOTA）说新世代的车子即将上市，虽然它还没有车子，但因为对手已经推出新车，为了避免消费者先掏钱购买对手产品，TOYOTA 就会先放出消息，说即将上市的这辆车在美国卖得很好，将引进中国台湾等，以营造出民众期待，主动打破对手新车上市的优势。这和苹果公司（Apple）工程师不小心捡到新手机流出画面所制造出的营销效果是一样的。

谈到消费者旅程，前端先进行小幅度的操作，接下来才是引爆。要考虑消费者什么时候可以去搜寻体验产品，什么时候可以购买，怎样使用，使用时如何操作，甚至用完后还可以让消费者帮忙宣传使用后的经验之谈，这些都是典型且成功的整合营销。

《福布斯》（*Forbes*）杂志在 2014 年统计，现在美国企业起用的首席执行官（CEO）、首席运营官（CCO）和营销总监（CMO）最期待代理商能提供的，有 68% 以上的人都提到了整合营销。如何让传播途径变得更多元，产品销量能够有爆炸性的成长，这都为营销工作提了更高的要求，营销工作较以往也更具挑战性。

以前真是广告的美好年代。二十世纪八九十年代的宝洁是营销殿堂，宝洁的经理人最重要的工作之一就是如何写好一个 30 秒广告的概要。把 30 秒广告做好，需要非常繁复的流程和技术，包括客户对于概要的要求、如何将广告概念简单地写在一张纸上等等。

广告商要做的事情很多：概念的提出和测试、动画的制作和测试，不好再改、回来再拍、拍完再测、测完再改……为什么那么复杂？因为只要把这 30 秒广告做对了，通过电视发送出去，商品销售、品牌知名度就能一步到位。

在当时做广告相对容易，现在就不那么简单了。重要的是，广告公司还要尝试把对于广告品牌的理解转换成在整合营销上的掌控。

　　整合营销开支可观，一定要有一个中心思想，有了中心思想才能发展成蓝图，并形成活动。如果没有一个中心思想、一个核心，就无法进行商业计划。拥有核心思想才能继续往下走。像万事达卡（Mastercard）的"无价的体验"，耐克（NIKE）的"just do it"，还有巴黎欧莱雅（L'ORÉAL PARIS）的"Because you're worth it"。

　　广告一路演变，以前的整合营销就是多做几样——保留电视广告，先跟着多做一些，再多买几个公交车的广告。现在不一样了，一个品牌要先从数据分析、广告策划、媒体宣传、营销文案各个方面着手，还要思考如何经营粉丝团、如何管理顾客关系、维护数据库等繁复的技术，甚至要做公关、办活动、做自媒体，搭建官网等。不仅如此，成本还要严格被考量，现实就是这么残酷。


## 广告来自真实


　　传播领域中和"人"的互动、合作愈来愈重要，谈到整合的时候，势必会提到合作，也就是如何凝聚团队共同完成一件事。

当广告涉及更多工具时，就会需要更多专门领域的人来配合。如果这些人不能好好合作，怎么会有效果？

以麦肯的例子来说明。现今的广告公司几乎都是母公司下的分支机构，麦肯上面有个 IPG 集（IPG group），本身还有一个麦肯环球广告（McCann world group）。集团为应对各领域合作的需求，在 20 年前就开始增加各领域的专门公司，包括早期的麦肯广告到麦肯集团，有数字、购物者营销、健康传播广告、赞助、公关等公司。

台湾地区虽然不大，但仍有麦肯广告、浩尔生广告、麦肯数字。就像奥美有奥美广告、奥美公关、奥美互动一样。这些公司术业专攻，既可以独立作战，也可以协作分工。

客户的需求会驱动商业组织的改变。有愈来愈多的企业希望可以做整合营销，麦肯、奥美还有电通安吉斯都在朝着这个方向努力前行。

麦肯的要求很清楚：成为全球第一的以创意为导向的营销公司；服务大型企业，给予最好的、因地制宜又全球化的整合营销服务，帮助品牌在全球市场成长。

这也是麦肯旗下拥有多家跨领域公司的原因。就像把可口可乐在全球所有的完稿整合在一起，甚至包括翻译等执行工作，你会看到一个非常有规模和系统的整合方案出来。像 Momentum 是活动公司、UM 则是媒体公司，在这样的执行下，"好好传播"（well say）就是麦肯的重要信仰。

"truth told"（用事实说话）一词是由麦肯创办人 H. M. McCann 提出的，他一直在强调"广告必须来源于真实和事实"。真实也可以换个角度称为"洞察"，即产品的本质、优势、特色是什么，以及针对市场和消费者的洞察，从中找寻对的讯息，并设法好好诠释。

一个好的诠释并不是直接讲产品哪里好，比如单纯地说"饼干好好吃"就不是好的宣传语。要想个说法让消费者听了念念不忘，而且永远记在脑海里。"好好传播"的第二个层次在于，不只是把想法变成广告说出来、演出来，还要思考如何运用最适合的方法、媒介去呈现想法。

真实就是现金流，广告人就是靠它来赚钱的。所以广告人必须从一件事情中找到一个创意的点，思考运用怎样的情绪去述说故事，这些都是制作广告的乐趣所在。虽然环境在变，从 30 秒的电视广告发展到整合营销传播，但做广告的逻辑其实并没有改变。

翔实地传播事实是非常重要的，这样做可以拥有改变市场和消费者的独特力量和价值。整合营销的目的，在于帮助品牌在生活中成为有意义的角色，让消费者认同品牌所代表的价值。

整合营销分三个关键步骤，其中前端的规划愈来愈受重视。在过去没有整合营销的阶段，规划还停留在品牌或是广告策略的企划部分。

当进入整合营销阶段时，规划会变得相对复杂。只有有了规划才能发展概念，有了概念才能发展计划，并付诸实行。

麦肯广告目前约有 115 位员工，服务超过 30 家客户、50 多个品牌。在市场定位上，麦肯已从早期的传统广告公司转型为最佳的整合营销创意公司。所以，创意、整合都是麦肯在营运上所追求的重要目标。

这几年台湾地区的环境改变许多，只靠国外总公司的客户已无法支撑运营成本，所以麦肯接洽了很多本地客户。要服务这么多客户势必需要整合营销，各组织也需要进行分工协作。公司旗下有很多不同的营业单位，像麦肯广告、麦肯数字、魔动营销，专门提供规模较小、针对渠道的促销，包括消费者活动、抽奖、演唱会等服务。

浩尔生广告则是我们的第二代理公司，因为担心泄密的问题，许多同领域的客户无法接受用同一家服务代理商来制作广告。很多国外客户在台湾地区的规模较小，如果为了他们而不去挖掘其他客户，会损失很多机会。

之所以成立独立公司，就是为了可以和同领域的本地公司合作。比如食品，雀巢在台湾地区可以和味全合作。在组织上把业务、创意分开，但策略、制作中心、财务行政等后勤单位可以共享。

## 如何把平凡无奇的真实事件打造得具有传播价值

谈到实际操作，麦肯有套称为 truth to meaning 的工具，也就是从真实到意义、发展概念的制作过程。主要分作三个阶段：

1.寻找真实。透过5C分析工具，帮助我们从五个方面寻找可能的线索，以及有哪些真实可以帮助概念的发展。

2.将真实提炼成符合用户需求的简报。简报是广告公司的核心，分为两种形式，一种是客户与代理商的摘要清单，但是好坏、清楚与否见仁见智。另一种是代理商内部的业务、策略，以及创意清单。此阶段是资料收集和企划阶段，把复杂的资料整理成清晰的摘要清单，给创意凝练出概念创造条件。

3.有了概念之后会进入消费者旅程，也就是如何去做整合营销传播。思考如何投入前置、如何引爆话题、消费者可能会搜集什么数据等问题，以消费者行为的数据逻辑来思考如何进行整合营销传播。

做整合营销传播的理由在于，现在已经无法轻易在电视机前抓到消费者，他们都在上网，在用手机。寻找合作对象来抓住消费者，就是整合营销传播的逻辑。消费者旅程已然改变，广告必须配合消费者的行为去转化。

## 第一阶段：透过 5C 来寻找真实

第一个 C 是类别（Category）。

第二个 C 是公司（Company）和品牌本身。

第三个 C 是消费者（Consumer），并不是将所有跟消费者相关的东西都放进来，而是着重于消费者对品牌的使用行为。

第四个 C 是联结（Connection），指品牌本身与消费者的关联程度。像品牌过去如何和消费者沟通、给消费者的印象如何。

第五个 C 是愈来愈重要的文化（Culture）。品牌要有影响力，就必须和时代对话，并做出反应或调整。很多活动、概念在现在非常成功，若把它放到 20 年前，或是一个不同的文化里面，可能就不会产生效果。能够打动人心的品牌，很多都是反映了当下时代的集体社会需求和情感。

分析完这五个方面，可以得出一个很重要的观点：虽然很多事情可以用金钱买到，但是人的情感、体验不是用钱就可以获得的。这个观点成就了之后发展出来的概念，比如"万事皆可达，唯有情无价"。从一个观察中找出一个机会、一个发现，便能延伸去找到定位和概念。

麦肯的做法是以附属于策略部门的真实核心社群（truth central community）、全球网络（Network）完成全球性、主题性的研究。比如"年轻的真相""美丽的真相""健康的真相"等。

这些主题和大部分的客户相关，比如 youth 对应到可口可乐和三阳机车；beauty 对应到巴黎欧莱雅。主题要和客户相关才具有意义。我们会做一个清单，把这些研究整理清楚，并有力地好好传播。

这个有力的真实还不是概念，只是一个策略的定位。可以把定位摘要给创意人员，帮助口号和大创意的策划。试想今天你是一个客户，当你去听广告商的提案时，会场放满各种关于你的品牌的数据，包括对目标消费者的了解、消费者对品牌的看法等，能让客户感觉到："哇！你怎么那么了解我！"

### 第二阶段：撰写下达需求的简报

形式虽然简单，实际操作却很困难。简报撰写需要经过思考，而不是一股脑地把信息塞进去。

广告的困难之处在于：不能把客户的要求原封不动地塞给创意，这是不负责的做法。撰写重点包含：品牌角色是什么、消费者是谁、问题到底是什么、找到的真实点在哪里。

甚至包含绩效指标（KPI）、目标触及量、没达到的话退钱与否等合约内容。

## 第三阶段：消费者旅程

整合营销的重点并不是使用什么工具，而是沟通的时机，如何在不同阶段找到消费者以及消费者的使用行为等。

首先是播种，去释放不同消息，让消费者接触消息并引发兴趣，形成火花。广告出来后，消费者被引发兴趣并上网搜寻，查验消息。

口碑并不是花钱就能达成的事，一定要认识到"真理只有一个"，可以去辅导、操作、利诱，但很难把黑的讲成白的。

到了购物阶段，有些购物体验是很好的品牌传播机会，比如说消费者为了买冰箱前往卖场，虽然看了以后不一定会买，但是当消费者出现在卖场，就有机会可以改变他们的想法。

也许是现场的活动，甚至是店内很奇特的解说都有可能改变消费者。消费者购买完，包括在享用的时候，都能创造品牌被传播出去的机会。比如威士忌加可乐可以创造不同风味，品牌可以举办活动去教导消费者不同的享用方式，这就是产品在被使用时，品牌可以创造的宣传机会。

最后是分享。设法吸引消费者愿意帮品牌做口碑，并创造循环。有了口碑之后，下一个消费者就会说："啊！我朋友说那个超好吃，我也想去买！"这个互动循环被创造出来，就会成为整合营销传播的一个有效途径。

整合营销传播并不是把所有东西绑在一起，而是要把对的东西整合到一起。对的东西不等于对的工具，核心还是在于创意和概念。只有对的概念能让品牌放大。如果是错的概念，花再多钱、用再多的工具都是浪费。

## 整合营销的多元化应用

将好的创意运用在对的媒介，才能把整合营销的效果做到最大。

可口可乐虽然进入台湾地区的市场已久，却始终无法成为台湾地区的消费者生活的一部分。

反观在东南亚到处都能看到可乐、芬达的身影，他们吃任何食物都会搭配玻璃瓶的汽水，这就是将产品深入文化和生活中的表现。但是在台湾，民众对可乐的印象止步于搭配麦当劳、比萨等快餐，因此最大的挑战是如何将可口可乐和中式料理有机地联结起来。

首先是渠道的挑战，以前的渠道仅限于便利商店和卖场，广告商要想尽办法扩展渠道，先做到"在那里"，再和更多中式料理有所联结。

有时候传播需要反差。台湾地区的消费者对于可口可乐的印象停留在非常阳光，给人以积极乐观的感觉的固有印象上，但是这些印象并没有和本地文化有任何的联结。因此可口可乐在广告中特意加入了台湾当地的传统美食，像家常菜、烤肉、火锅等日常家庭聚餐场景，让可口可乐的意象和本地文化联结。这一系列广告为可口可乐带来了许多和本地商家合作的机会。

另外，还有"体验式营销"，也就是通过感官去体验而达成的营销效果。曾经有个活动是让人从接近太空的高度跳下来，这已经跳脱传统广告的范畴，而是用事件营销来操作，它让人产生类似体验的感受，人们会好奇从那么高的地方跳下来是什么感觉。

当事件传播出去时，通过公关产生的效果完全不输一般的传统广告。创意有时来自"没有人做过""没有人愿意花那么多钱去做"，体验式营销便是通过全新的体验方式进行品牌传播，不仅让客户有所感受，更要让客户采取行动。最简单的体验式营销就是"试吃"，试吃之后购买的概率是很高的。

传统营销多从产品角度出发，体验式营销则是思考消费者的生活形态和消费倾向，并挖掘他们内心真正的渴望。借由深刻的互动经验，创造消费者和品牌的对话，建立不一样的关系，进而达成购买。

体验式营销注重双向营销，重视客户的体验。传统中将消费者假设为理性，购买决策是解决问题的过程，消费者其实是兼具理性和感性的。

星巴克是一个善加利用体验式营销的品牌。从早期提供高质量、一致化的咖啡体验，并创造介于家与办公室的第三空间，到现在走向零售革命，进行本土化，可以看到星巴克愈做愈彻底，包括西雅图总店、京都分店、台湾大稻埕分店，都有愈来愈多结合当地文化跟特色的方法。

它所传达的是星巴克体验（Starbucks Experience），不只咖啡，还包括生活态度，是和消费者沟通的品牌。

品牌体验最好的媒介就在店里，所以"全世界的人都想拥有真实的星巴克体验"。

今天在星巴克喝精酿啤酒，和在便利商店喝啤酒，感觉会一样吗？正是因为不一样，所以客人才会愿意持续走入星巴克。便利商店一杯咖啡无法挑战星巴克，只能做到替代的功能。

星巴克一定做过研究，得出他们的顾客群是对价格不那么敏感的族群，而且想要借由消费来得到星巴克这个品牌。当他们精算出自己的品牌拥有这样的价值，就能进行这样的价格变动。

## 体验式营销的"4S"标准

### 第一个 S：感官（sensorial）

如何通过感官体验去传递价值，包括触觉、嗅觉（百货公司卖香水会将客人拦下来试闻）、听觉、视觉、味觉的五感体验，比如从 3D 电影到 4D 电影，甚至到 VR（虚拟现实技术）科技，就是利用逼真的感官让消费者仿佛身临其境。

有一个威士忌与日本料理餐厅结合的案例。一般人吃日式料理不会联想到威士忌，因此将两者结合起来举办品酒会，借此让与会者体验威士忌，了解如何与日本料理搭配，并把手工的精神通过日式料理传达出来。参加品酒会后，大部分人都会购买，这就是体验的力量。

1963 是单一纯麦威士忌被发布的重要年份。某品牌推出了一款 1963 年的威士忌，便在忠孝东路建立期间限定的实体酒吧通过举办品酒会等活动，以低廉的价格让民众体验。当中最红的是威士忌冰激凌，民众为了它而排队购买，体验后会在网络社群分享经验，达到了品牌宣传的效果。

## 第二个 S：连贯，不被切割的（seamless）

指线上与脱机是连贯的，而不是没有被整合好的体验。传播逻辑是意识、体验、行动相结合的，过去可能只在意识层面进行营销操作，现在则是有了体验后，再进入行动和分享。

以哈根达斯为例，当时新推出了蓝莓口味冰激凌，为了让更多民众了解这款产品，厂家特意在新光三越的信义新天地 A8 馆举办了体验活动，投放 LED 大广告牌传递讯息，让民众通过扫描二维码进行采蓝莓的游戏，游戏高分者还可以获得抵扣金额。

这一系列活动和无缝隙体验不只提升了品牌的知名度，也改变了消费者的购买方式，让民众有机会去分享此事。

## 第三个 S：惊喜（surprise）

即如何去给消费者制造惊喜。聪明的品牌是懂得带给消费者惊喜的艺术大师，其中需要许多有关科技和数据库的建立与使用，比如赌场，会在了解消费者是什么类型的客人后，依据本身的重要性，给予一连串不一样的待遇和惊喜。

## 第四个 S：当红关键词"社群"（social）

如何通过社群把体验做到最大化。消费者只有遇到好玩、特殊、有趣的东西才会分享，以此凸显自己的不同。

在思考社群媒体时，如何把品牌体验转化为消费者的个人故事是很重要的。品牌要创造形式，比如让消费者在可乐瓶上写下要给朋友的话，所以在创建形式中赋予消费者权力是社群运营成功的关键。

能够体会并合理运用这四个要素，就把握住了体验营销的关键。很多杰出品牌使用传统广告的比例非常小，比如星巴克、Apple，他们把很多资源都放在了体验式营销中；又比如台湾地区的 GOGORO 品牌，为了让消费者对旗下品牌有直接的体验，投入经费在东区做了很大的店面，这并不是传统摩托车行会做的事情。

## 如何把创意融入整合营销

数字科技也给影像传播带来了很大的挑战与改变。2016年的数据统计，YouTube每一秒的影片浏览量就有12万人之多。我们活在一个充满数字信息的时代，不论是正面还是负面的信息，都不断地被创造出来。

大概20年前，很多人认为数字科技出现之后会淹没传统广告，从而导致广告产业的消亡。

20年过去了，数字科技反而帮助创意跳脱传统的限制，让品牌的创意设计和与消费者之前的互动及沟通模式变得更不一样。所以，现在广告公司的任务是以数字创意为核心，去帮助品牌在人们的生活中扮演一个更加有意义的角色。

有四个P可以用来评估、运用数字创意。

第一个P：意图（Purpose）

如何去做有意义、打动人心的事情，包括前面提及的"无惧女孩"的案例。

第二个 P：明显性（Palpability）

怎么把看不见的、数字的、虚拟的事物，转化为能够接触到并感受到的真实。

第三个 P：个性化（Personalization）

以个性化的方式去感动消费者或与其互动。

第四个 P：购买路径（Path to purchase）

也就是如何有效地实现交易并变现。

2016 年，麦肯帮台湾地区的中国信托商业银行（简称"中国信托"）做了庆祝其成立五十周年的活动，其中 18 分钟的纪录片在网上大受好评。

影片内容以因为各种原因，家庭成员没有在一起生活却彼此思念作为主题，呼应了中国信托"We are family"（我们是一家人）的口号。这个活动颠覆了过去在做周年庆时，强调展望未来的以往惯用的主题风格。

而 Xbox 在推出《古墓奇兵》第二集电玩时的宣传活动，则是将虚拟化为真实的例子。不再使用平面、电视广告，而是制作户外广告（survival billboard　生活广告牌），这个设在伦敦的户外广告牌以真人生存游戏的概念进行，征选参赛者，让消费者参与票选，二十四小时后看谁可以真的存活下来。

消费者在游戏中可以下达下雪、下大雨等指令，一切都由消费者来做决定，看谁能撑到最后，成为赢家。

营销最重要的，是要思考如何和社会进行有意义的沟通，并且引起广泛的共鸣。

最后一个案例是麦肯在 2016 年得奖最多的作品。

有家高科技公司，生产了登陆火星助推器的零部件，为了配合公司的主营业务，麦肯制作了"到火星去远足"的活动。小学生们会坐巴士到很多地方远足，在校车上，麦肯给小朋友们配置了虚拟现实科技产品，让小朋友体验登陆火星的真实感。

这个活动需要科技的支持，很多成功的案例也引入了最前沿的科技元素。以现在的传播条件而言，拍一个 30 秒电视广告是最简单的，最复杂的是像这种需要结合不同科技的案例。


## 好的营销都具备可复制的原创概念

整合营销并不是把所有东西都绑在一起，而是要去整合对的素材。工具不代表全部，核心还是在于创意和概念。

透过 5C：类别（Category）、公司（Company）、消费者

（Consumer）、联结（Connection）、文化（Culture）寻找真实，创造概念来放大品牌。概念若是错误，花再多钱、使用再多的工具都是浪费。好的概念因独特而成功，执行的关键在于如何做到前所未有、无可取代。原创性始终是创意产业最重要的观念，率先投入并抢得先机，是整合营销成功的必备条件。

## 第四讲

# 营销应该如何精准投放
## 新媒体环境、公关手法的变化与创新

　　网络时代一定要有营销力量，这个力量就是特别的话题，话题内容要独特且具有分享价值，才能引发网友和受众的持续共鸣。

——黄小川

**讲师：** 黄小川

迪思传媒集团创始人。中国创意传播领军人物、中国公关行业首位入选"中国传播业名人堂"的人物。曾做客中央电视台《奋斗》《小崔说事》及天津卫视《非你莫属》等节目。

# 人工智能真的能超越人类吗

大部分人可能认为人工智能是模仿人类的科技，其实人工智能是远超过人类的。比如翻译、记者、助理、保安、司机、销售客服、快递、保姆等工作，未来都有可能被人工智能所取代。

还有打败世界顶级棋手的 AlphaGO；调取研究一百万辆车里的实际驾驶数据，让无人驾驶的技术达到比人类驾驶更安全的特斯拉（Tesla）；在全球反恐的数据库中，可以在一秒内通过数据库的人脸对比，来识别恐怖分子的人工智能；等等。

人工智能不是简单地重复和人类同样的工作，而是有可能取代人类，甚至比人类做得更好。

从深度学习的方面来讲，在网络数据、证券、股票、应用医学、教育等方面，机器的学习能力是超越人类的，能够发挥巨大的潜力。在电商领域有精准营销和社交营销，两者都是基于网络数据来进行的；医学方面则是基因排序，它需要通过复杂的数据处理来判断细胞结构，通过人工智能快速计算，可以很快地得出准确的结果；在教育方面，在线教育已经相当普遍。

网页搜索，对目标对象和语言的认知，汽车自动驾驶还有语言翻译等，都是未来人工智能平台可以做到的事情。

人工智能发展路线图，分为现阶段、三至五年后、五至十年后以及十年后。第一步是大数据，第二步是感知，第三步是理解，再来就是机器人到无人驾驶的层面。大数据应用已经很普遍，感知和理解层面正在逐步进行，例如语言翻译，科大讯飞可以把一堂在线课程直接转为文字，包括英文和中文，并达到99%的准确率。

## 中国未来经济的发展趋势

中国国民生产总值何时会超过美国，这是全世界都很关注的话题。有一种说法是根据估算，二十多年后中国的国民生产总值可能会超过美国，成为全球最大的经济体。

若根据购买力来判断，中国在2014年的购买力就已经超越了美国，成为第一大贸易国。

世界银行对中国未来的发展提出过许多意见，其一是加深市场化，其二是不断创新。另外，还有推动绿色经济体、环保经济体，以及改善就业情况促进社会公平等建议。

目前中国经济的增长率大概是6.7%，往后可能会略有下调。产业和就业结构中，农业占比会愈来愈小，服务业占比则愈来愈重。

消费率占国内生产总值（GDP）的比重则会逐年增加，这将给宏观经济层面带来重大的影响。

中国未来的发展是采取德国模式，也就是制作质量精良的产品，并推动勤奋创业的理念。但也因为中国的庞大能源消耗，导致严重的环境污染，在北京经常会有雾霾，这也是经济高速发展所带来的影响。

2012 年以来留学生回国定居的人口比重愈来愈高，大概占80% 左右，这说明中国发展的机会更多，所以海外华人返回中国的人数大于中国移民海外的人数。

面对人口老龄化，中国政府应对的政策是全面放开二胎，从世界银行的数据来看，未富先老是现阶段城市人口老龄化的表现特征。

消费升级给消费者的日常生活带来了很大的变化。高速的经济发展会形成新的场景，在线和线下的结合会形成新业态和新服务。有间叫原麦山丘的面包店，因为创新，在很短的时间内就实现了几千万元的营利。

另外，还有品牌和消费者沟通时使用的新型传播方式，如微博、微信、网红直播等，各种新平台、新渠道应运而生，为创业带来新的机遇。

## 新媒体环境的数据优势

如果对于未来的机会和发展有所关注，要注意的重点之一就是宏观环境，一个是前面提及的人工智能技术。另外就是新媒体环境，以及该如何有效应对这样的宏观环境。

以前强调单一的沟通模式，是通过创意、讯息传播去塑造品牌。现在则希望和消费者一起创造。

最重要的态度是：和品牌一起玩。这是一个社群媒体时代的态度。希望消费者成为品牌的一部分，一起来创造、参与品牌的传播。

要和消费者一起创造品牌，需要进行消费者市场调查，而不是舆论的干涉；还需要建立口碑和在线互动。像搜索引擎的优化，在中国除了使用率最高的百度，还有搜狗。现在有所谓的移动搜索引擎，最核心的还是这些搜索引擎。

在数字创意和业界领袖方面，除了专业的意见领袖，像大学里的知识分子或是行业里面的专家，还有一部分可能会是网红，他们和粉丝形成网友关系，这些群体也都需要关注。但数字创意和业界领袖两个层面，以前并未涉足技术平台。

技术平台是新媒体时代下的重大改革，以微擎的管理系统为例，它能够监控电视网络平台，并进行搜寻和干预。每个人都会有个客户端，可以通过客户端人为操作，下达具体指令并自动工作。

　　微擎还有四大模块 15 项应用场景。营销决策在碎片化的海浪中面临很大的挑战，成本愈来愈高。

　　另外，因为自媒体的泛滥，舆情的管控愈来愈难，因为谁都可以发声，执行工作的推广量也增加许多。在此情况下，要完成和人有效沟通的目标，就要运用数据来解决。

　　大数据能用以决策。透过系统让营销更有效果，可以从全网的大数据来判断讯息产值。若要了解一个品牌在社会上的形象、和对手相比的声量、竞争对手在做传播上的劣势，都可以透过舆论监控，或是通过手机以实测呈现，了解网络的现状和传播过程。

　　根据分析，有 79 种营销传播机会能用以分享，并通过这样的系统去帮助企业。除了可以定期发布、回复讯息，也可以具有搜索引擎优化、社群管理等功能。

　　这个数据可以和媒体中心、阅读中心、销售中心形成系统，也能自动生成媒体中心、应用中心、销售中心。

　　手段之一是设定关键词。以旺旺为例，跟旺旺相关的词经过设定后，就会自动抓取，通过微信、电子邮件、简讯、App 来显现。

　　在这些通过人工智能完成的机器平台上建构的创意，目的是找到用户关注的话题和选择，并设计出最能打动人的内容。核心是为了了解消费者所爱，并通过人工智能去服务。

　　在有价的媒体中，精准的比免费的质量要好。最重要的是，产品能不能在第一时间被搜寻到，进入最终首页和首频的位置。

智能回复是通过机器来进行的，以使用度来说，讯息之间的智能回复，还有网际数量，是通过两千个网站、互动 PC 来建立数据库，它会从数据库里去抓取答案。自动产值和系统回复也是智能服务，让人一搜就能够搜到。

工业的优化并不会增加任何费用，却能让营销效果增长。另外，也能保证群发媒体、官方媒体和企业的讯息能够瞬间发布给所有人，这是靠人工难以达成的。

## 数字环境是如何影响媒体操作的

现在的广告主比较看重眼前的效果，所以广告代理公司对于用户的行为场景也更加重视。在中国除了优势 IP [1] 资源，绝大多数电视媒体都在走下坡路，平面媒体更是如此。若要主打新媒体，现在还是微博、微信能够带来较大的影响。

从公共关系的角度来讨论，需要检验四个问题。

1. 出位，也就是知名度，企业要拥有出位以及符合企业品牌相关的内容。

2. 对位，强调和受众的沟通。

3. 归位，即危机助理的建立。

4. 中心，精准地确认目标人群，并有效分层，找出高额消费的基础。通过这样的粉丝墙，就能够串联市场传播的体系，并引导日常传播话题。

另外，在与目标消费者沟通时，要用负面的立场去做常态化的舆论管理，实现负面危机预防和用户口碑领导的双重价值。网络舆论在现代显得特别重要，因此传统的公关价值体系不断地被打压。许多世界级的广告公司现在所面临的困难，便是停留在"通过媒介去发布信息"的单向思维所导致的。

单向思维可能成功，也可能不成功。以传统的公关公司而言，最常从事的是协助企业管理、发布讯息，这只解决了部分问题。

在发布的众多讯息中，无法判断哪个讯息是有效的、能够形成品牌价值的，这种单向推送和自嗨的模式已经被市场所淘汰。

目前，留给企业的只有三小时的传播时机，并且要在三分钟内完成推送。这是一个要求速读的时代，传统模式已经没有生存空间，很多传统广告公司也正面临危机。

对应快速产生、消逝的热点事件，随时随地、无处不在的形象塑造和危机管理也相应而生，时刻都是品牌塑造和自我检视的机会。

就现况而言，"偶然性事件"日趋频繁会成为新的常态。因此要思考面对新常态的条件该如何处理，并有效发挥正面的传播效能，以及当出现危机时，又该如何进行准确的处理。

目前最受关注的是社交媒体和云智能，因为 App 的数量庞大，基本上每下载一个 App 都要附上区域位置讯息，这些组成了网络 + 时代。一切传播都是在线的，无处不场景。像中国用户很喜欢在微信里分享生活和心情，前提是一定要有场景，基于场景去构建一个可能的互联性，这个便是核心。

另外还有多元触点，要考虑新场景能做什么样的内容来和品牌组合，然后在不同的场景下，可能要使用不同终端去沟通接触。得到可量化的需求数据后，让对应的产品获取讯息，同时让用户可以买到产品，并进行购买后的分享和体验。

这就是所谓的 O2O。首先，用户在线上和线下都可以获取讯息。线下可以得到产品跟服务，同时在过程中分享讯息，包括用户的主动分享。一旦用户分享品牌，品牌就要鼓励沟通，并告诉用户正面讯息；若是用户有负面体验，也必须去解释原因并解决问题。

其次，会有一种消费需求和行为场景，是时间和地点较为碎片化的体系。路径可分为社群中的公众号、网站、微信、微博号等。比如旺旺食品想和麦当劳做联名促销，购买麦当劳就能成为旺旺产品的用户。如此一来，品牌跟品牌之间的用户群就会流动。

现在格外看重的就是跨界，跨界的意义建立在彼此不一致的用户群上，因此能够实现 1 + 1 大于 2，获得用户群的增量。

社群优势给跨界也带来了很大的效益。有些是 IP 的跨界，也可称为文化社群连接。或是内容的跨界，比如平面媒体和电视的合作，像电视剧在牌楼举行发布仪式，粉丝去看明星顺便也看了牌楼，跨界核心的目的就是希望用户群能够流动。


现在的问题是：好内容太少，常常会看到内容糟糕的讯息或戏剧。目前有七大趋势：

1. 一定要打动消费者，吸引眼球。

2. 明星的代言，单纯的照片代言已经不符合时代的需求，消费者更需要明星的参与互动。

3. 社交平台和网友的互动。

4. 微信朋友圈的内容，用户采纳度很高，这也可以帮忙提升效果。

5. 在微信朋友圈分享讯息时，会显示发布讯息的地址。

6. 大数据营销精准化，将最适合的内容推荐给最适合的人。

7. 大平台的话题制造，例如借由网络主持人口播时自然的说明，让用户提高对广告的接受度。

目前 O2O 的核心要求是消费流量，由流量产生销售。以沃尔沃（Volvo）汽车为例，2016 年的销量约为 76 万辆，虽然比不过一些通用品牌，但在自主品牌里表现不错。他们的广告支出只占 20%，其余 80% 都用以内容营销，通过内容营销以及事件，来引发 O2O 销售模式。大数据能够精准区分出具有分享价值的内容，并带来流量产生销售。

公关广告融合是未来趋势，只要能够精准有效地引发受众互动，就会引发流量，产生效益。通过大数据与融合结构输出生态，内容营销是目前的趋势。产品内容要能够引发受众关注，而且产生流量，激发受众进一步去探究产品，转化为销售行为。核心在于独特，产品内容若没办法引起广泛关注，就是因为内容不够独特。比如百雀羚，一个很传统的保养品牌，却运用了很独特的新媒体广告：一个模特儿掀起裙子从腿上拔出枪。老品牌以创意来做传播行为，独特概念就是颠覆认知。

网络时代一定要有营销力量，这个力量就来源于特别的话题。话题内容要独特且具有分享价值，才能引发网友和受众的持续共鸣。

## 社交平台原生化

现在的社交平台有三个变化：IP 化、社交化、原生化。重视原生以及社交，通过传播转发来激发分享，就是新媒体传播的核心。在中国约有9~10亿用户利用微信的朋友圈、公众号进行传播。

像这次来参加两岸营销论坛，也建了一个40多人的宝岛群，大家会分享去哪儿观光、进行哪些学界业界之间的沟通、对哪位老师讲述的内容很感兴趣等。这些社交媒体不仅适用于营销，也囊括了生活的各个层面，这就是原生社交场景。

而原生社交场景的核心是关键意见领袖（Key Opinion Leader, KOL），中间是特别积极参与的人，底部则是粉丝。

结合内容事件和技术，关键意见领袖要从事分层的互动，要引发粉丝兴趣并且下单。以华为为例，一上网站就有购物车，点到购物车页面就可以直接把产品买走。

企业和粉丝互动过程中一定要有一个按键，这个按键可以连接到购物网站或电商网站，让粉丝可以即时行动，全通路、全创造、全参与[2]。

## 如何深度参与到营销跨界合作中去

大众的C-TREK在刚上市时，常被拿来和奥迪的Allroad比较，代表两者是差不多的等级。迪思在首发亮相和媒体试驾的公关推广计划中，做了五大改变，赋予 C-TREK 全新的生命力。

在平面创意上，提到了"六年了，他们在干什么？"，并制作了一连串小清新的文艺广告，据说这是汽车企划史上最有旅行感、最慢生活的广告。这则广告就是在预告即将在瑞典首发亮相的新车 C-TREK。

和客户讨论过后，将上市的新车命名为"蔚领"。C-TREK 是跨界旅行车。什么是旅行？民俗、风景、美食、邂逅都是旅行。因此媒体的品鉴主题就是"遇见美好"，试驾主题是"带着生活的热度去旅行，带着旅行的心境去生活"。

在跨界方面，C-TREK 可以载着 TREK 脚踏车，开到哪儿都可以随心所欲地骑脚踏车，这也是一种跨界。

因为媒体有深度的参与，所以在报道方面也会较为主动，当时品牌给付迪思 2 600 万元，实际传播的价值大概超过 14 亿元。

在这个企划中最大胆的决定，是让媒体从一开始就参与，这让他们产生责任感。品牌不需要告知，媒体就能知道所有的讯息并且主动发布。而和 TREK 脚踏车的跨界合作，也拓展了传播。

最后结果非常好，原先客户预设一个月 2 000 辆的销量，实际操作后销量达到一个月 1 万辆，也成为中国旅行轿车的第一品牌，不仅延续了这款改款车的生命力，更挖掘到了新的市场。

## 第五讲

# 营销如何撬动人心
## 变幻莫测的消费者行为

最基本的策略原理，就是用C（策略）打动A（消费者），产生B（改变行为）。

——叶明桂

**讲师：叶明桂**

1980 年进入华商广告，一年后赴美传播研究所深造。1984 年返台进入奥美的前身——国泰建业广告公司，擅长研拟策略及启发创意，服务过上百个客户，拥有累积超过 1 000 场的公开演讲经验。在奥美 30 年中，所主导的广告活动获创意奖项无数。

# 如何改变消费者的想法与行为

广告业中所说的策略 A 点到 B 点，A 点指目前消费者对于产品、品牌的想法，可能是偏见或偏好；B 点则是移动广告传播后，无论是数字传播或是公关活动、时效营销，品牌希望消费者产生的想法。衍生到后来对于传播的要求不只是想法的改变，更是行为的改变。

将目标定义为行为的改变，会比较容易拆解计算。因为想法需要经过调查研究，相对难以评估。做广告前必须进行调查，得知消费者的想法，B 点就是做完广告后的二次调查。

现在很多 A 点到 B 点的调查都数字化了，像是消费者的点赞、分享都能作为调查数据。在大数据的时代，消费者的行为改变是可以被计算的。

行为可被计算，想法却很难被评估。现在对传播结果的评估愈来愈重视，一则广告对于销售是否有所帮助，会以行为改变的次数来计算。话虽如此，在实战时会发现，行为很难去设计，最终还是会回到改变想法上。

以我自己的经验为例。我在厦门出差时，晚上九点想回房间休息,但是同事对我说,九点太早了,不如去酒店旁边的按摩店吧!我本来要回房间休息,同事希望我有一个行为改变,改去隔壁做脚底按摩。以传播效果来说,我去那里做脚底按摩,想法就会改变了吗?其实有80%的广告,只是直接将期待消费者产生的想法贴上去而已。

## 策略的背后,还包含个动词

刺激消费者需要策略,也就是C(刺激物)。举例来说,我的想法是"我要回房间休息",同事想要改变我的想法,他若告诉我"全厦门最漂亮的按摩师在这家",就是用C来刺激我改变想法,前往按摩店。

用C(策略)打动A(消费者)产生B(改变行为),想出一个刺激物去刺激有想法的人,让他产生B,这个就是最基本的策略原理。

在思考策略时要先设想多种刺激物,再尝试哪个最有效。举例来说,"全厦门最漂亮的按摩师"对我并没有强大的吸引力。

但当同事和我说,你住的房间上星期有个人吊死了,每天晚上九点到十点就会出现他的鬼魂,所以你跟我去按个脚再回来,避个风头。这就是第二个策略。以"房间九点有鬼"这件事，来改变一个想回房间休息的人的行为，让他愿意走到旁边巷子去做脚底按摩。这个也是用 C 打动 A 产生 B。

C 是刺激物，可以想作"刺激"（stimulation），策略要奸诈又巧妙，才会帮助销售。刺激物还不能算是策略，只能说明广告设计要说什么（what to say）。

在上述例子的设计中，"全厦门最漂亮的按摩师"和"房间有人上吊"还不能被称为策略。背后发生作用的原理才是策略，策略要有"策略动词"。

当同事说出"全厦门最漂亮的按摩师"，使用的是美人计，策略动词是引诱；"房间有人上吊"，所以最好出门避避风头，策略动词则是恐吓。这才是真正的策略，也就是在"讯息"背后，与人性息息相关，让传播产生作用的原理。

恐吓与威胁听起来相似，两者间有什么区别？此案例中的恐吓，为什么不能称为威胁？

威胁是你有小辫子被别人抓到。要被威胁之前，一定有把柄可让别人抓住，如果一个人没有任何亏欠，那么他就绝对不会被威胁；恐吓则不需要有把柄被他人拿捏在手中。

在此案例中，吊死鬼并不是我杀害的，因此我不会被威胁但会被恐吓。

不同策略动词会形成不同策略，背后必须有清晰的思考，语言的使用也要精准。

例如，你要请爸妈帮你付首付款，那就必须想出一个策略。恐吓，如果你不给我钱我就自杀；或是撒娇，爸爸你对我最好了，我将来一定会好好孝顺你，你快帮我付首付款。

还能运用哪些动词呢？我先来抛砖引玉，例如"鼓励"，我鼓励你来我的店里消费。


同学 1：感动。

讲师："感动"并不算策略动词，感动是结果，策略动词必须是一个使役动词，例如"吸引"——我用很棒的促销，吸引你成为会员，例如原本使用移动的人，我通过促销，吸引你改用联通。

同学 2："哀求"可以吗？

讲师："哀求"可以——哀求你一定要来买，哀求教授不要给我的考试打不及格。人生本来就有很多哀求，这些动词都是从生活经验中撷取的。无论是从事哪个行业，脑袋中都要有策略动词。说服（我讲了十个理由来说服你）、利诱、批评、推荐、同情（公益广告）也都是策略动词。

## 有效梳理营销策略，激发营销创意

当有了策略动词后，就要思考如何述说讯息。第一是如何让讯息更明白，第二是如何让讯息更有感觉，也就是如何说（how to say）。

无论是数字传播、社交媒体，还是内容传播，都能转化为最简单的方法，也就是决定这个讯息要说什么，还有设计如何说。虽然专有名词很多，若能化繁为简，以大家都能理解的白话语言讲明白，才是最好的方法。

其实从 A 点到 B 点也有很多种选择。现在来做个调查研究，你们觉得家乐福怎么样？说到家乐福你会想到什么？（学生回答：生活用品、买菜、广告、便利、水果很贵。）

我随便挑人回答，问五个人就有五个 A 点。要先有 A 点才能设计 B 点，但是那么多个 A 点，要如何决定？这就要参考品牌的商业课题和挑战课题，在销售时碰到什么问题，就从什么问题开始想。所有策略的第一步都是研究商业课题，比如刚刚同学说到家乐福的水果很贵，就要思考如何解决"人们认为家乐福水果很贵"的问题。

假设家乐福想要扩大水果的销量，但是人们有个 A 点"认为家乐福的水果很贵"，B 点是"家乐福的水果不贵"，那么 C 点该如何设计？

　　单纯拼命地说家乐福的水果不贵，消费者并不会采纳。必须要想一个C点、一个"奸计"、一个讯息，来改变消费者的想法。我选择用"比较"作为策略动词——贵不贵是比较出来的。把家乐福和水果摊、批发商拿来比较，他卖的橘子一斤多少钱？家乐福卖的橘子一斤多少钱？或者使用眼见为凭的策略，让消费者去目睹，策略可能是"保证"或是承诺消费者，只要在其他商店买到比家乐福更便宜的水果，买贵退两倍价钱，以此来证明家乐福的水果最便宜，这也是一种说服的方式。

### 课堂练习：大学生与电信公司

　　课堂练习题目：大学生使用电信比例低，需要提出针对大学生的广告。在练习中分别说明A消费者、B消费者预期、C刺激物、D策略动词。

### 第一组同学提案

A消费者想法：使用率不高、联结少。

B消费者预期：电信能够和亲近的人产生联结。

C 刺激物：电信进校园免费送三张电话卡，宣传绑定号码、网内通话免费。

D 策略动词：联结。

讲师点评：要让大学生喜欢，与其直接叫他使用，不如绑定他的家人。做宣传活动要把家人联系到一起，针对家庭做促销，例如给爸妈一些有特殊意义的号码。

## 第二组同学提案

A 消费者想法：使用朋友不多、存在感低。

B 消费者预期：网络速度快。

C 刺激物：强调电信网速很快，不需要连学校的 WI-FI，分享再多的网络热点都不用怕。提出"你的网速够快吗？"的质疑，利诱大学生使用电信，边缘人也可以成为热点王。

D 策略动词：利诱。

讲师点评：虽然不错，但太复杂了。策略就是选择，不是想越多就越好，要选定一个 A 点。策略要是大白话，广告词会模糊想法，到了提案阶段再包装就行。这里的策略动词比较接近"传染"，把病毒放在大学生里面。像是赠送使用电信的大学生免费的 WI-FI 功能和路由器，可以直接分享网络热点，大家便开始接近使用电信的同学，其他人也会因此得知电信有 WI-FI，所以纷纷申请，这就达到传染了。

## 第三组同学提案

A 消费者想法：电信没有针对大学生的友善优惠。

B 消费者预期：让大学生觉得电信会给予大学生很多优惠。

C 刺激物：促销活动加上网络活动。促销活动是邀请更多人加入电信，电信就会给予价格和网络流量更多的优惠，像是 10 个人一起申请就有 10GB 流量，20 个人一起申请就有 25GB 流量，会比个人申请时一般只有 5GB 流量的方式来得有效。网络活动则是在校园举办直播活动，直播自己一个星期中有几天是准时上课的，活动结束后会给予参加者自由网流量作为奖励。

D 策略动词：利诱。

讲师点评：刺激物不能有两个，策略就是选择。以促销活动为主的话会比较明确，消费者也会较为有感觉。

## 第四组同学提案

学生：A 点部分，我们认为电信形象很好，但是不足以促使大学生去换成电信。对于大学生而言，电信的 A 点就是性价比不够高，我们希望借由降低价格，利诱同学一起来用电信。

策略主打友情、青春热血、用电信就是有义气。改变大学生的意识形态，让他们觉得用电信就是好的。

然后，接下来我们会开宣传车在大学生常出没的地方办活动。因为主打友情，所以方案就是三五好友团报，你们认识时间愈长就有愈多优惠，借此来创造话题。利用多人团报的优势把成本压低，取得降价空间。让大学生觉得，这样的性价比我可以接受。

讲师点评：其实策略内容要愈少愈好。问题只有简单的 A、B、C、D 点为佳，内容太多会找不到重点。这个策略重点是团报促销，但是没有上一组同学的免费 WI-FI 来得巧妙，不过运用到了选择和分享。

## 第五组同学提案

A 消费者想法：电信的方案太不诱人。

B 消费者预期：电信的方案是诱人的。

C 刺激物：利用两个 60 岁的阿伯比较，一位从大学时代开始使用电信，另一位则是使用别家运营商。使用电信的阿伯多了一部好车和房子。想要表达的理念是，使用电信可以省下一大笔钱，要在大学时代及早加入。

D 策略动词：理由和比较。

讲师点评：这是一个广告、一部影片，而不是策略。

## 第六组同学提案

A 消费者想法：大学生对电信没有认同感。

B 消费者预期：大学生对电信有认同感。

C 刺激物：希望大学生可以认清自己的价值，自己的人生自己做主。将电信价格较高的缺点扭转成优点，让大学生认为对自己的人生进行投资是值得的，不需要哪些优惠。标语就是"迈向人生的第一步，电信支持你"。

D 策略动词：认同。

## 第七组同学提案

A 消费者想法：品牌认知度低。

B 消费者预期：品牌和自己有所联结。

C 刺激物：只有自己清楚自己的价值。将电信拟人化为大学生，不盲目服从父母，只因为他们使用电信就跟着使用。

D 策略动词：认同。

讲师点评：第六组和第七组同学的提案，我不觉得这个策略动词是"认同"。"大部分人和父母用一样的，我想要用自己的"才是撬动点。要从价值观、品牌主张来改变，可以讲一个故事，说大学生要怎么和父母不一样。

**第八组同学提案**

A 消费者想法：电信是中国的本土品牌，不年轻。

B 消费者预期：电信是新潮的。

C 刺激物：潮人都在使用远传电信，做时尚的形象广告。

D 策略动词：吸引。

讲师点评：这个策略动词不是"吸引"。大学生认为电信品牌并不新，所以请新潮的人来代言，"折射"出电信很新潮的想法，这才是策略动词。


## 如何运用人性撬动消费者

掌握初步的策略原理后，就需要消费者洞察和产品洞察，运用人性来撬动消费者，把讯息说得更有感觉。

以梨子为例，它的销售点有：好吃，具有丰富的矿物质、维生素，吃一个梨子跟吃一颗复合维生素片一样；或是介绍它有益于喉咙的特殊功效。策略要经过选择，假如选择"好吃"，就要找出洞察：人们是如何鉴别梨子好不好吃的？

梨子愈多汁愈好吃，主轴不可过于复杂，将重点专注于"多汁"并加以戏剧化。像有人边走边吃梨子，沿路滴了一地的果汁，因为很甜所以很多蚂蚁跟着；或是看到一个梨子，不是吃的，是将吸管一插喝的。这就是广告戏剧化，经过戏剧化的讯息才能留在消费者脑海中。

讯息加上洞察会结合出新鲜的说法，一个故事好听与否，完全取决于有没有找到对人性的洞察。利用这个人性来打动人，就是说故事的精髓。

## 用C（策略）打动A（消费者）产生B（改变行为）

A点不会自动跑到B点，所以要制造C点，用C（策略）打动A（消费者），然后产生B（改变行为）。有效的传播不能只靠说，而是靠做。

A点：发散思路前要先确定商业课题，确定课题后，找出"针对商业问题的消费者想法"。

B 点：将"消费者改变成什么想法"会利于营销。

C 点：为了让消费者从 A 想法变成 B 想法而设计的策略、刺激、讯息。它是可以产生"刺激"的动词，能促使消费者做些什么。

策略动词：策略是在 C 点讯息背后，与人性息息相关，让传播产生作用的原理。像利诱、鼓励、恐吓，或共鸣。有了策略动词，才能开始思考如何包装讯息。

## 第六讲

# 营销一直在颠覆传统
# 年轻人拥有不一样的消费新主张

四招应对"95后"群体的消费新主张:电视和网络的整合营销;活化粉丝经济;着手打造版权内容;利用数字科技链接消费。

——郑晓东

**讲师：郑晓东**

曾在长城宽带、好耶网络等网络公司任职，并曾担任好耶广告网络华东区总经理、副总裁等职务，服务过索尼、百事、飞利浦、西门子等知名企业。拥有十几年的因特网与市场营销经验。

2014年带领聚胜万合在因特网营销业界率先对接A股资本市场，带领团队开辟了数字营销的广阔前景，并借力资本平台，使打造数字营销全产业链的整合理念在资本市场和营销行业得到了认可，随后在国内A股资本掀起了对数字营销公司并购的浪潮。

现在，中国传播产业的就业大致有以下三种途径：

第一个方向是甲方：去任何一个公司，投入市场，从市场专员到经理到总监，这是甲方的路径。

第二个方向是乙方：例如我自己所在的利欧数字，就是为甲方提供服务。如为阿迪达斯、索尼提供数字营销服务，帮助他们规划媒介预算，设计传播方案等。台湾业界很重视乙方的工作，比如就有大量的台湾人在大陆的 4A[1] 集团里工作。4A 最早是美国的公司，进入大陆后再进入台湾。

就像奥美在多年前进驻台湾，帮助很多台湾企业做营销一样。过去二十年，在中国的数字领域里，一直是本土的营销公司做得比 4A 公司要好。因为中国的数字营销情况和全世界都不同，数字营销的多样性远比欧美复杂得多，因此中国本土的企业更倾向于通过本土的消费者，去了解他们的想法是什么。

第三个方向是丙方：指的是像阿里巴巴、百度、腾讯这些发展快速的公司。腾讯目前是全球市值前十的大公司，光是游戏《王者荣耀》一天的营收就能高达 1 亿多人民币。台湾使用百度的人比较少，但在大陆有八成的市场占有率。近几年中国最优秀的本科毕业生大多会选择丙方作为最佳就业选择。

# 特殊的 "95 后" 消费市场

"95 后"将是未来主流消费人群，但是这个消费群体有别于"70 后"和"80 后"。通过对他们的生活观点调查可以看出，他们对待主流事物的价值观已经发生了很大改变。

## 跨性别、中性风更受偏爱

以网络影视为例，中国的"70 后"、"80 后"喜欢的影视明星更多是酷的或者硬汉类的形象，而现在横扫"95 后"的，很多带着偏中性的特点。

## 简单生活带来的小确幸更受 "95 后" 推崇

每一代人都在追求幸福，但是标准却并不统一：以前父母辈的人可能认为要认真读书，找个赚钱的工作，组成家庭才是最幸福的事情。但"95 后"做出了不一样的诠释：他们有很强的好奇心，崇尚慢快乐、轻文艺和简单生活。

像大学毕业后投入针织劳作，或是手作甜点等创业项目，通过网络既简单又快速地购买小众产品，等等。在调查中可以发现，

"95后"并不追求所谓的成功，他们最关心的都是简单纯粹的东西。

这些现象普遍和人民物质生活水平的提高有着密切关系。目前掌握生产资料的"60后"，当他们自己的生活水平提高之后，对于孩子的未来发展，态度普遍较为宽松：孩子喜欢什么就去追求什么，能养活得了自己就可以。

比如我有个同事喜欢做蛋糕，两年前她辞职开了一家蛋糕店，专门提供定制化的蛋糕制作服务，像冰雪奇缘、复仇者联盟等主题蛋糕，这些蛋糕有的能卖到几千块人民币，依旧有大量的订单纷至沓来，不用为找不到买家而发愁。

## 双城记现象

调查数据显示，台湾有90%以上的人居住在非出生地的城市。主要是年轻人从二线城市迁到一线城市，就像可能有些人来自台中、台南，因为觉得台北发展比较好，所以来到台北。年轻人在移入的城市中所接受到的讯息，是和出生城市完全不一样的。

现在有了微信和微博等等，可以很快地把一线城市的最新讯息无时差地传递到三四线城市。

任何一个在一线城市读书的人都会成为讯息的传播点，他会把自己喜欢的App，比如微信支付、支付宝等传递给三、四线城市，或者分享给初高中的同学们。这就是典型的"双城记"，有太多人的出生地和学习地以及工作地都不一样，这种现象在中国非常普遍。

双城记使"95 后"不只追求好的生活条件，也追求美好的家庭。矛盾的是，他们同时还极度渴求自由。"95 后"既希望家庭美满，又希望拥有无拘无束的生活。他们待在家时会受到家长的限制，在社交网络上就可以随心所欲地做自己想做的事情。

在二十世纪六七十年代出生的人总会以出生地来区分群体，比如我自己是东北人，在上海时会先找老乡，和有着相同籍贯的老乡们互相帮助。而"95 后"是以兴趣来区分，拥有不同兴趣爱好的"95 后"会和同圈子的伙伴们玩在一起。

因为双城记现象的加剧，工作城市的紧张喧嚣和出生城市的简单轻松，造就了"95 后"的两种表象。

调查显示，有 60% 的"95 后"认为自己是矛盾的，反差也是常见的现象，像在社交媒体上天天说要减肥的，却常在微博分享美食。或是外表像是大叔的，却会创作富有少女心的画作。有63% 的"95 后"认为自己在外面很高冷，因为在上海、北京这样竞争压力大的国际化大都市，他们都需要给自己塑造一个坚强的形象。所以就有了很多小群体，闺蜜会是"95 后"很需要的群体，是一个在外面自我认同的群体。

## "线下孤独"与"在线社交"

另外一个分裂的现象，是"线下孤独"与"在线社交"。以前的社交以线下居多，现在则是仰赖在线。

很多"95后"在线分享的照片都是希望大家来点赞，这个特质是未来在数字营销领域中很重要的关键点。

24小时的在线生活也催生了很多在线文化，无论是工作还是生活，核心就是：虽然大家没有时间一起出去玩，但是在线的话可以一起打游戏、购物和交朋友。"宅"是"95后"的主流状态。

对"95后"进行品牌营销是需要灌输性的：让他们产生向往与憧憬，给予一个形象去产生影响。"95后"不喜欢品牌高高在上地讲道理，而是要让品牌成为朋友，更贴近人群，他们对于这样的新形象选择有着明显的改变。要先了解"95后"的喜好以作为参照，而不是依据自己的经验进行判断。

中国最有名的电商平台淘宝、京东，最初的营运方式都和现在不同，都是跟随潮流进行调整。现在流行的全球商品代购App，没有目录也没有搜寻，只有推荐，它会根据用户的爱好推荐商品。这是购物网站上新的消费变化，影响着大家现在的日常生活。

## 数字媒体的营销趋势

营销之前一定要先做消费者洞察，了解消费者喜欢什么。

中国数字媒体赚钱有三种方式。

第一种方式是电子商务。虽然天猫、淘宝是赚钱的，但大部分电商网站仍处于亏钱状态。第二种是游戏。第三种方式就是广告。中国在 2016 年数字广告的市场约有 2 500 亿元。收入第一名的是百度，一年广告收入约为 450 亿到 500 亿元。第二名是阿里巴巴，广告是他们的主要收入来源，淘宝卖家会在各个地方让消费者看到广告，每则广告都是需要卖家付费的，淘宝广告一年营收约为 400 亿元。2016 年增长最快的数字媒体是今日头条，约有 70 亿元。增长第二快的是直播。现今的因特网已经超越传统媒体，在中国，报纸和杂志受到冲击，未来成长最快的肯定还是数字媒体。

传统媒体的最后一个领域是电视。2016 年，中国的因特网的覆盖率全面超过电视。尤其在年轻人群中，几乎没有看电视时间超过使用网络的人。2016 年，天猫的销售额是一天 1200 亿元，相当于很多国家一年的销售额。

在中国投放广告，第一大客户群体是汽车。在汽车的广告预算中，数字营销占了 40% 左右的比例。第二大客户群体是因特网，比例超过 70%。第三大领域是电子产品，包括华为、三星等企业都投入超过 30% 的预算在其中。第四大类型是快消品[2]，比例相对最小，只有 20% 左右。可见在数字营销中，快消品广告市场还有很大的提升空间。

中国大陆的因特网环境，和西方或者是中国台湾及香港有非常大的不同。所有领域在中国大陆都会有一个以上的对应产品，比如说脸书、推特，在中国是以微信、微博取代。谷歌则是和百度相对应。

微信的搜索功能可能会在未来二三年商业化。我个人发现的明显现象是，在微信上搜索学术性文章和财经类新闻，在时效性和内容的丰富性上来讲，都要比百度或其他搜索引擎好许多。

同样，国外有亚马逊，中国有阿里巴巴和天猫；国外有YouTube，中国则有腾讯视频和爱奇艺；国外有 BBC 等新闻网站，中国有今日头条和趣头条；等等。平台搭配的类型都是相似的，全世界都有影片、新闻、搜索、电商等数字营销。

腾讯的股价在 2016 年是 200 元，2017 年是 245 元左右。整体数字广告营销的规模，因特网从 2016 年的 2 900 亿元，提升到2017 年的 3 800 亿元。

所以目前在中国和数字营销相关的工作，不管是媒体还是广告公司，广告规模也飞速提升，从 2016 年的 1 700 亿，增长到2017 年的 2 600 亿人民币。品牌客户也开始重视数字营销。

交通汽车类是资金最充足的，这里指的不是大家熟知的宝马（BMW）或奔驰（Benz），而是中国的本土汽车品牌。在中国，10 万以下的中低档车，在过去几年内有明显的增量。上海奥迪有16 家工厂，其中大概只有 1/3 能获利。近年高档车市场饱和，反而是 10 万以下的中低档车销售状况良好。

如前所述，目前的数字环境只有游戏、电商、广告是赚钱的。在 2015 年以后，由于网络商家形态的变化，物流类的收入有所增加。

另外，因为民众对于健康领域愈来愈关注，网络医疗也成为中国近几年投资增长最迅速的领域。很多病并不一定要去医院看，假设只是感冒咳嗽，可以直接以视频约医师看病，和医师说个症状开药就解决了。医疗网络化的趋势愈来愈明显。

网络金融也是中国近三年来发展相当迅速的领域，当然也产生了一些负面的东西，比如消费贷。

P2P [3] 的快速发展简化了许多繁杂的手续。原先贷款必须亲自前往银行，现在只要在网络上就能进行；以前理财要购买基金，现在可以直接在手机上使用支付宝里的余额宝进行理财。

中国现在还有个发展快速的领域叫"京东到家""盒马鲜生"等等，提供各种送到家的服务。如在手机上选择 200 元的商品，就可以在指定时间送到家，而且这个商品可以包含生鲜鱼肉。网络生活就是从线上到线下，打通生活的各个方面。

像腾讯、阿里这样的大平台，把愈来愈多的功能集于一身，以至于把其他创业公司的功能都一并纳入进来，使得创业者可以发挥的空间愈来愈小。移动网络的成长速度非常快，但也已经被微信抢得先机，未来可能还是由巨头主导市场。

## 移动时代，媒介生态也在发生重大改变

手机在中国也有很多明显变化。三星在 Note7 爆炸事件后，已经卖不动了。而国产手机在中国市场逐渐成为主流。

目前四线城市最受欢迎的社交视频软件叫作"快手"。我曾和快手的主播聊过，他说每个农村都有很厉害的人，但是苦于没有渠道可以展示自己，"快手"正好提供了一个满足他们展示欲的平台。在新加坡可以找到最多华人的社交软件也是快手，而不是微信。这是一个在底层农村表现非常优秀的视频社交 App，并且拥有很高的收益。

目前的新闻、影片、网购皆由最主流的 App 主宰，使用率都能达到 50% 以上。这在全世界都是一样的，愈热门的软件，就会有愈多人加入使用。中国目前的 4G 用户占 60%，因为 4G 价格逐

渐下降，普及率也跟着上升，有些目前非主流的应用程序，需要量也因此增加。

像网络流量的上升带动短片拍摄的流行，也循环影响到网络流量需求的增加。短片拍摄也是成长较快的创业领域，微信每天都会收到大量的短片，所以流量的需求很大。

目前在 App Store 和 Google Play 中有超过 150 万款 App，平均每部手机装有 40 款，移动装置市场中有 80% 都和应用软件相关。

App 是移动网络的主要入口，如果文章写得好，可以把文章发到微信或今日头条，会有很多工作找上门。也有人专门找文学院的大学生，如果能保证每个月写出 30 篇文章，就能拿到 2 000 元基本工资；如果文章的阅读量有所突破，也会额外加钱。用户在微信看到的文章，既产自专业写手，也有工厂化制作的文章。

腾讯的微信和 QQ 是所有 App 里面使用率最高的。QQ 是浏览器，百度是地图，搜狗是输入法。

搜狗打败了微软和谷歌，成为中国本土简体输入法中的第一名，几乎所有计算机都是使用搜狗输入法，通过输入法，腾讯又做出了搜索引擎。2016 年，20 个在中国覆盖率最高的 App，可以代表目前移动装置应用市场的主流。在这 20 个 App 中，只有三个不属于 BAT 三巨头，可以发现在应用市场，这三家企业仍是最大主流。

## 移动广告不白投

2017 年移动应用的广告市场是 2 600 亿元，阿里和百度的主要收入都是广告，只有腾讯的主要收入来自游戏。

广告主的需求也愈趋多元，使用 App 时随时可以看到各种广告，像开机广告，或影片网站的片头广告。新闻平台方面，今日头条和网易新闻几乎每隔十条新闻就会有一条是广告，可见广告市场成长之迅速。

在移动互联网时代，手机跟 PC 最大的不同在于：手机是跟着走的。用户走到哪里，就给用户看什么广告。

今日头条开发了新的需求，比如学校周围的美发店、婚纱摄影店因为经费问题，没有办法投放网络广告，若使用移动广告，把范围设在 10 公里以内，预算就可以降低不少。所以，现在的移动端广告不需要投入太大的成本就能购买投放，这也是移动广告的先天优势。

如何在移动设备中使用即时通信、应用程序去推广平台？其实回到消费者洞察，偶尔倡导消费者远离手机、计算机等载体，可能会收获更好的效果。

像星巴克的"抬头行动"，就利用了低头族的热点话题，把品牌正能量植入了营销中。无论是充分利用现有技术，像移动装置和应用程序，还是通过消费者洞察反其道而行，都是可行的应用方式。

## 如何有效激活粉丝经济

过去只在电视上播放的电视剧，现在可以直接在网络上收看，也导致近二三年网络剧（IP剧）兴起。根据2016年的统计，网络剧已经占据网络热门剧集的七成，这意味着年轻人群对于这项新兴娱乐媒介的喜爱。便捷性和互动性是它不同于传统电视剧的最大特点，随选随播让忙碌的年轻人群不必像过去看电视剧一样，必须准时守在电视机前面，同时也能通过聊天室弹幕的互动获得更多乐趣。

网络自制节目受到广大年轻人群的喜爱，这也推动了影片付费市场的发展。

有不少自制节目和电视台的制作水平相差无几，甚至有不少网络平台将庞大制作预算投入网络剧和自制节目的制作，让更多观众愿意付费观看。另外，这也改变了以往"由电视方生产节目，供给网络平台播放"的生产模式，变成"网络平台为内容生产方，反向输出至电视台"，这是现在的节目生产趋势。

如前所述，网络节目的制作预算增加，质量也相对提高。

面对这样的情形，电视方选择将网络剧买下，或是和网络平台合播网络剧，成为网络剧的播放平台。这样的政策调控，使得网络电视成为现代家庭用户的新趋势。也有用户会在电视上连接网络电视，专门收看网络自制节目。

以创新的互动活动，最大化提高电视广告收益。

由于网络的蓬勃发展，电视也会大量利用网络平台进行推播，或是利用网络上的宣传营销活动来获得更多利益。像利用社群媒体进行互动活动，以此提升粉丝对节目的关注度。

不论是网络红人、当红艺人，或者是电视方，活化粉丝经济都是营销的主要模式。通过和粉丝互动的方式，吸引他们关注时下的广告或当红话题，而广告商也会和艺人或网络红人合作，让双方的获益达到最大值。

## 社群媒体与电商结合

现今的网购市场已经形成了"两超多强"的局面，由天猫和京东扮演领头羊的角色。很多用户已经逐渐转向移动端，App即为主要的接入方式。

商品变成了一个个QR Code（二维码），用户只需要下载App，扫描便可将商品购到手，省去了前往实体商店或拿着商品到处跑的麻烦。

社交媒体和电商的融合趋势越发明显，电商也会在社交媒体上放置商品广告。在用户阅读讯息或是看剧的时候，就会有商品广告出现在屏幕上面。

广告不再只出现于公共场域，也会在使用手机或计算机时出现在眼前，这使得商品广告成为超越空间的存在。

用户的年龄结构也趋向多元化。除了年轻人群爱用的网络平台，传统电视也成为网络结构下的一部分。年龄较大的人群多半还是以电视为接受讯息的主要媒介，因此网络也会将各种社会讯息置于电视之中，让收看电视的老一辈，除了新闻频道以外，也有更多接受讯息的渠道。

新闻、心情、实用讯息都是使用媒体的需求，重点在于观察用户为何使用媒体。"想要接收新闻"可以是用户使用媒体的原因。随着用户不同的心情，可以推送更多元的讯息。

或者是根据用户的个人信息，比如职业、使用的网络媒体，为用户提供更为贴切的实用讯息，以此吸引他们的注意。

## 四招应对"95后"群体的消费新主张

"95后"独特的对待主流事物的价值观，让消费市场变得较为特殊。面对这群未来的核心消费人群，要配合数字媒体，从四个方面进行营销的改变。

1. 电视和网络的整合营销：结合网络互动，提高电视广告收益，包含有效的互补以及多屏幕的互动。

2. 活化粉丝经济：汇聚粉丝力量，将明星粉丝转化为品牌爱好者。

3. 着手打造版权内容：制作网络热门网络剧，吸引年轻人群眼球。

4. 利用数字科技链接消费：彻底融入数字媒体，改变传统消费习惯，并让广告进入手机、PC等私人领域，打破广告疆界。

## 第七讲

# 网络平台变革
## 变化是永恒不变的真理

媒体的变革会带来产业的变革，马云说得好："千万不要抱怨电子商务改变、颠覆了哪个行业，它只是颠覆了你而已。"

——徐扬

**讲师：徐扬**

2001 年加入百度，2013 年率先发掘明星微博营销机会，2014 年投入微信营销，2016 年主导上线微播易影片自媒体资源平台。曾荣获第四届金鼠标网络营销新锐人物奖、2015 年数字营销年度影响力人物、第六届虎啸奖年度人物大奖。

## 移动社群使消费者的时间更加碎片化

在社交营销领域，人们的习惯因为手机发生了很多改变。我们不再急躁，不管公交车来不来、排队队伍长不长都不再重要，因为当手机在手，就有无数的人陪着我们。

有一次我在"花椒"做直播，整整半个小时都只有僵尸粉[1]，当时觉得很心寒。后来活动策划拼命在各种朋友圈扩散，半个小时之后才开始出现人潮。我的朋友郝国锋，第一次做直播时也是过了一个小时才开始出现人潮，人数达到25万后他开始人来疯，说每增加1万人就喝一杯白酒。

最后人数达到54万，总共喝了29杯酒，被人搀着离开。他说："我在全国各地参加了200场会议，每场约有200人，整年下来只影响到4万人。现在花一个小时直播就影响了50万人，早知道早就这样做了。"

花椒的某个员工参考这个案例，提议要不要做些刺激的活动，他提出了万人吃花椒的计划，我把他解雇了。

有个比较聪明的员工提议以花椒芽取代，最后决定让5万人一起吃花椒芽。再加上其他宣传手段，2016年6月8日，当天的直播，在线的人数达到 74 万人，打赏共有 136 万花椒币，折合人民币大约 1 万多。

过了一个月，杨守彬请我帮他弄个直播，他很喜欢穿着花衬衫去演讲。直播团队为他进行了一周的策划，列出了十三个注意事项，准备了七个节点，租了厉害的场地，也选了很多人进棚，还有大约 5 000 个微信群、200 个订阅号共同响应这个活动。

7 月 4 日，在花椒进行直播，得到了非常强烈的回响。当天同时在线人数达到 520 万，花椒币打赏约为 460 万，直播的最后 30 分钟，整个平台都宕机了。押上所有能动用的资源，就是想试一试，一个真正的直播能影响多少人。

这些案例乍听之下很遥远，其实就时时发生在身边。现在这个时代，人人都沉溺于手机。在工作之余和朋友聚餐，如果不是用微信聊天，对方也不会搭理你；两个人躺在一张床上，也都抱着手机沉浸在自己的世界中。

消费者的触媒习惯改变，时间的碎片化影响移动社交圈，每分每秒都有不同的社群网络可以使用。

早上用微博看新闻，通勤路上看个短片，进办公室后用百度搜集资料，吃饭时再开个直播。晚上睡不着，可以拿着陌陌摇一摇，有生活不同背景下的人可以认识。

大家的注意力完全被分散，时间也被碎片化，看影片、玩直播、读微信、听音乐、刷朋友圈、逛微博，这些事情把所有时间都浪费掉了。甚至不再需要实际的朋友，虚拟的朋友就能解决所有问题。

我将微博定义为扩散的革命。微博常被称为万能的微博，当时最出名的事件，就是有人 24 个小时只靠手机生活，走到厕所发现没卫生纸，就发了一则微博求助，结果几分钟之后有人送了卫生纸过来。这件事把"万能的微博"推上巅峰。

微信则是深度沟通的革命，朋友圈是信任的革命。在中国有很多微商[2]，这个市场在 2014 年、2015 年占了中国市场 1 000 亿元的规模。

影片也和以前有所不同，优酷、土豆、Instagram 都创立得很早，为什么近两年才变得特别热门？

## 移动设备让媒体无处不在

设备的移动化是让影片热度上升的重要原因。以前要制作短片放到社群媒体，必须要具备各种器材，现在拿个手机就能解决。

2013 年是中国的移动 4G 元年，那一年成就了很多企业，58 同城和小米都是在 2012 年、2013 年崛起的。他们抓住了中国移动市场变革的时代。

小米的崛起并不是因为手机有多厉害，而是因为中国网民的数量高速增长，以及带宽增加、资费下降的背景。大家缺乏一个便捷的移动设备，于是小米主打低价1990元，但拥有和苹果一样的功能。

几乎每天都有无数个App诞生，陌陌、美丽说、得道等平台也是在2012年成立，在2013年得到高速发展的。

这些企业都抓住了移动网络的红利，但红利已经结束。如今移动设备几乎人手一个，充满各种App。中国的应用程序水平是全球顶尖的，我曾经有过两个多月一分钱都没带，横跨十几个城市的经验。

只带手机，走到哪儿都是微信支付或支付宝支付。有一次在过收费站时也没带现金，只好找了路人借钱，再以微信支付还钱给他。两个多月中，我所住的饭店、餐厅也都是接受微信支付和支付宝支付的。

经过2012年到2015年的发展，中国的移动网络已经深入每个角落，想要的任何东西都能在此领域得到释放。其他国家的移动支付普及程度比中国低许多。以前很多科技是美国领先，但中国在社群网络、移动网络的领域是真正的全球第一。

微博和微信属于图文社交，是分散、无序、碎片的。在中国约有几百万用户将经营内容号作为兴趣，甚至当成目标。

例如，某个用户在微博上分享自己减肥心路历程的记录，就累积获得了110万个粉丝，每月收入可达10万人民币。

现在也有很多大学生投身于此，和不同专业的同学合作，经营美食、旅游、工作英语等内容分享的微博账号。还有20多家直播网站，美拍、秒拍、斗鱼等，上面承载着无数长短不一的影片，进入影片社群时代后，时间的碎片化会更为明显。

## 社群媒体的三个变化

### 第一：影片化

从业人员的增加、资金流向、用户年薪的提高都让社群影片备受关注。影片是可视度最高的媒体，以前可以通过研究微博、微信来营销，进入影片时代后，广告做法可以无限拓展：要选择直播短片还是长片，决定种类后，还要选择在哪个平台上操作。

### 第二：数据化

因为平台管道众多，消费者使用社群的习惯也各有不同，若是缺乏大数据支持，根本无从寻找目标。

### 第三：平台化

平台属性各有差异，之所以能同时存在那么多平台，是因为用户对于讯息内容分类的高度要求。像美妆保养、创业管理等相去甚远的内容，若各自独立成为平台，就能受到用户支持，进而注册使用。

在众多以兴趣支撑的平台上，每个人都能找到属于自己的社群群体和社交圈，总有一款适合你。

花椒的员工每个人都必须研究十个小时以上的直播。某天有个员工状态很反常，一问之下才知道，他在直播间看到和初恋十分相似的女生，他说："有两个老男人一直挑逗她，一气之下打赏了7万元，几乎把积蓄都投进去了。"

又或者，本来在社交媒体看新闻，结果意外点进印度老太太做饭的影片，看完后顺着推荐链接又看了印度老太太在炒蛋……回过神后已经浪费了45分钟。本来应该看完新闻开始做正事，但影片场景把你抓进去了，难以避免，也无处可逃。

针对极度分散的平台，以及微博、微信上将近80万个自媒体，花椒制作了类似淘宝和京东的交易平台，找寻这种极度分散的自媒体，帮助广告主快速投放广告，并借此拿下了宝侨、华为、vivo、小米、安利、三星。这些企业知道寻找一个合适网红账号的难度，因为数量庞大，几乎无法让消费者留下深刻印象。如何寻找和自己想法匹配的群体，会是未来企业和媒体的共同课题。

我们是"最先知道谁会红"的人，比如谁的粉丝在两至三周内有跳跃性的成长、粉丝活跃度的增加比例如何。粉丝增加后如果只观看不说话，就不会带来发酵和传播。

追踪分析之后，可以知道哪些账号活跃度增长较快，然后入库进行数据分析，最后分入细流。每次投放广告后都会再次分析数据，并回馈到平台中。在此过程中，每个自媒体的画像都得到了完整的验证。

## 网络平台上的社群营销

技术人员负责讯息检索和大数据，并合作完成平台系统，只要能跟上影片潮流，提高效率和精准度，就能成功利用社群媒体营销。

推广的关键有三：

第一是主动沟通。有些品牌没有将功能、贡献推广出去，便会导致"品牌失能"。消费者知道品牌，却不知道品牌提供的服务为何，海尔和旗下的子品牌都有这个问题。

另外还要密切联系品牌，进行防御战、长线传播，以及短期的波峰传播。长线传播是持续主动沟通，保持数量。缺乏主动传播会很容易被遗忘，网红便是最明显的例子，随时都会被更新鲜的人取代。

第二是热点的快速转化。很多热点转化都是突发状况，像"度娘"的诞生。当时在百度年会上向外扩散了十二条新闻，新闻推出后，"度娘"一下涨了20万个粉丝，所有广告紧急停止，把预算全部移往"度娘"，再扩散讯息量。

第三是"创意众包"。以社群大V的语言接触不同用户，强化垂直传播和内容影响的感染力。现在4A公司的高层离职率很高，就是因为他们已经跟不上时代。社群网络的范围已经超过广告圈，导致广告主、新媒体都在不停地分裂。

## 媒体变革带来产业变革

2012年，小米在北京举行了发布会，当时完成了一个社群媒体的传播方案，但被企划部的高层驳回，他们认为只用微博的

140 个字宣传是不可行的（微博的字数限制为 140 字）。但小米取消了第二次的线下发布，最后的三次发布也全数移往微博。

媒体的变革会带来产业的变革，马云说得好："千万不要抱怨电子商务改变、颠覆了哪个行业，它只是颠覆了你而已。"产业中总会有人先察觉到新的机会，所有掌握社群媒体的产业都崛起了。

以前传播公司可以一手包办创意、策划、制作、媒介传播，现在各个环节的难度和技术性都提高了，连媒介选择都成为难题。

微博崛起后，所有广告公司都在思考要使用什么样的素材进行传播，众多才华洋溢的创意人绞尽脑汁后，发现重点还是最简单的 140 个字。

一个女生发了条微博："春天了，你的小内内要换换。"配上一个链接和一幅漫画，使无数女孩产生共鸣：冬天穿厚内裤，春天就要换成薄的。

这条不到 140 字的文案，加上大约 1 万元的传播费，就为品牌带来 700 万人次的注册。

2012—2013 年至少有 40% 的广告公司的首席执行官离职，他们的知识已经不足以处理客户要求，也失去了带领公司发展的能力。微信的兴起稍微缓和了这种情况，可以进行相对传统的公关和发稿。但微商的出现带来了信任的革命。

举例来说，有个人在微信有 600 多个好友，在一次旅游后带回一些鱼子酱，结果在好友中卖出 40 个。如果这 600 人没有丧失对他的信任，那这就是生意的开始。朋友圈便是现在最小的营销营销媒体。

我也遇到过类似的案例。因为喜欢喝酒，被人推荐了个叫作"小五"的微信助理，在小五推销后总共花了 17 万买酒。这些公司让直销助理寻找喜欢喝酒的潜在客户，每个人服务 500 个好友，积少成多就赚了不少。这是一种大型广告创意公司不曾想过的营销形态。

真正的创意在民间。像《关爱八卦成长协会》《火星情报局》里，常有一些异想天开的影片。提出问题并和观众一起想办法。平台的创意程度会反映在粉丝数量上。现在需要推动的是，让广告主把策划交给社群媒体来传播。愈来愈多的企业认识到现代媒体的多样性，也愿意加深合作，例如中国的高端品牌花店 Roseonly 就和微博合作举办送花活动。

影片内容和直播质量的提升促进了影片社群化、社群影片化。跨年晚会时有五家电视台同时直播，平台商和广告主也会趁机推销。

现在很受欢迎的《喵大仙带你停药带你菲》《咻咻不二》，都是善加利用美拍、秒拍、快手等直播平台的例子。美拍的特点是调动广大普通用户的短片社群营销，上面有许多明星的拍摄内容，影片内容讲究，目前有 2 亿注册量。秒拍则是"新浪微博的快儿子"，主打实时发布，走到哪儿发到哪儿，有 1.6 亿注册量。快手则是活泼外向的小镇青年的生活分享平台，有 3 亿注册量。

短片是继直播后的未来主流。bilibili、AcFun、优酷、爱奇艺、腾讯等热门影音平台拥有 240 亿元的产值，上面有很多知名节目，像《飞碟说》《彬彬有理》《金星秀》《关爱八卦成长协会》等。《彬彬有理》是中国第一个女性影片脱口秀，她的第一次直播是杜蕾斯试用，吸引 600 万人在线。《飞碟说》则开启了科普影片的话题。

直播类平台有泛娱乐、一直播、映客、花椒等。还有斗鱼的游戏电竞类直播、淘宝在"双十一"期间进行的电商直播。美拍和泛娱乐针对女性，一直播则以明星直播为主。映客主攻综艺节目直播，目标是拆掉电视台。

直播对广告有各种作用，包含产品推广、品牌公关、销售互动、推广在线注册和下载等。华为曾做过有关快速移动电源的直播，第一天用各种移动电源充电，借此验证手机的充电速度。

第二天以移动电源让电风扇运转。第三天以移动电源让电子锅运作，并拿来做菜。第四天开着一辆特斯拉，电量耗尽后以移动电源充电，一个小时后开着特斯拉离开。目的在于告诉消费者：华为的快速移动电源无所不能。这就是直播营销的应用。

"苏宁易购"在 2016 年也做过百人直播，找了一百位主播进行 COSPLAY，让他们穿着酒娘衣服在酒馆附近介绍制酒流程。场景虽然简单，但是结合古代／现代、线上／线下的穿越感，成功吸引群众上线。

花椒曾做过揭秘直播，总共吸引 521 万人在线、368 万的花椒币打赏，直播总长 2 小时 21 分钟。直播内容是微整形的现场，借此说服直播观众：微整形是很简单的、很轻松的事情。

影视明星的现场探班也是吸引观众的手段。有些电影首映会邀请网红去现场"偷拍直播"，利用上线的粉丝往外扩散消息，提升电影在网络上的讨论度。

## 最怕的不是负面消息，而是没人关注

现在这个时代，大家最害怕的不是负面消息，而是没人理。当一部电影毫无讨论度，票房一定会很惨淡。

若是一部电影恶评如潮，很多人在看到负面评论后，会产生"真有这么难看吗？"的好奇心，反而能获得票房。电影结束后，花絮还会继续在微信流传，延续讨论热度。

产品发布会原本多由媒体、高层、消费者组成，现在都以网

红模式取代，参加者都举着手机直播发布会，直播的实时性可以
保证至少完成当天的传播。而且，再好的创意都比不上直接深入
爱好者的社群。通过网红模式，可以利用粉丝的影响达成精准分
类后的传播。

粉丝影响是很重要的环节。像是 TCL 么么哒手机的营销，就
是让杨幂发微博说，"今天好无聊哦，求么么哒"，一个上午吸引
了 17 万人的评论；下午再发一条"我用 TCL 手机，我好喜欢，
么么哒"，并配上影片和照片，马上吸引许多粉丝前往专卖店购买。
这个广告从头到尾都没出现价钱、手机性能和特征。杨幂把自己
的信任背书转嫁给品牌，核心粉丝则会响应她。"关注"是粉丝
信任关系的开始，在关注的账号和朋友之间，甚至可能更倾向于
相信账号的言论，这是他们每天转移价值观给粉丝的成果。


## 社交平台的四个经营挑战

社交时代的平台系统，若能善用大数据并正确洞察潮流，就
能成功利用社群平台进行营销，主要挑战有四个：

1.如何紧追受众：要主动沟通，密切联系，同时进行品牌防
御的长线传播以保持声量，制造热点话题，并以大 V 的语言直接

触及用户。

2. 如何解决效率：以平台化取代人工，进行高效传播。一平台交易，多平台分发。

3. 如何投放精准：投入大数据和智能技术，以精准的媒体匹配选择目标。

4. 如何保证质量：通过平台化的判假技术，保证传播内容的质量。

## 第八讲

# 如何与用户引起共鸣
## 移动时代，营销必须以人为本

营销是不是真的被人接受，取决于受众看到后，是否愿意往外传播，或是对品牌好感度提升，扭转原先不良的形象。营销并不等于广告，营销在实际工作中占了更大的比重。

——郝炜

**讲师：郝炜**

曾先后供职于麦肯光明、网易、凤凰网等公司，从事趋势洞察、策略及策划工作。拥有十余年的数字营销领域从业经验，服务过国内外数十家知名品牌客户，在2013年导入原生营销理念并迅速奠定了凤凰网在该领域的领先地位。

# 人机合作打造人性化营销

中国近二十年的媒体变化分为几个阶段。20 世纪 80 年代改革开放后是传统媒体的时代，2000 年到 2009 年是网络时代，那时涌现出很多与网络相关的企业，比如 2006 年诞生的优酷。

上面有很多客户产生的内容，但因为内容质量低，无法吸引广告主投资，导致媒体环境状态糟糕。后来开始版权竞争，通过版权累积人气才成功吸引广告进入。

若版权内容并非用户所好，仍然无法吸引人气。《甄嬛传》是当时的热播剧，带动了平台观众的流量持续增长，平台广告收入也顺势水涨船高。但后来的其他影视剧表现平平，从而造成平台广告收益的持续走低。进入自制阶段后，平台可以自行订制、规划版权内容，议价能力却因此减弱。这两点使得网站需要投入影片拍摄，或是通过非广告管道赚取收入。

入口网站算是近期较能营利的网站类型，例如腾讯、新浪、凤凰等。入口网站投入成本较低，相互有版权交换，在编辑方面也不像电视台需要投入成本培养主持人，可以在短时间内让网站开始营运，也符合用户的使用习惯。

2010 年，智能型手机开始普及，进入移动网络时代。通过国际移动设备标识符（IMEI）[1] 和基地台交流，可以精准地取得用户数据，例如手机 App 的使用记录等讯息，都很容易被掌握。手机推送的广告因此更加准确。

智能型手机的普及率在亚太地区增长迅速，中国约为 60%。未来发展方向是厂商和媒体对用户时间的争取，需要考虑内容，增强用户的黏着度。

入口网站几乎成为传统媒体。现今流行的共享经济逐渐成为新媒体，像从校园延伸到城市的共享单车就拥有大量用户，相关的 App 也借此赚取广告收入，但主要收入仍是押金，这两种收入组成了庞大的资金流。

新媒体和新生代已经跳脱传统媒体的模式，不再只以内容吸引广告主，应用方式更加多元，对僵化的传统媒体而言是莫大的威胁。

2017 年，中国移动广告的投放约有 3 800 亿人民币，比例高达 66%，广告空间大，还是一个朝阳产业。媒体的进化对技术提出了新的要求，但未来广告是靠"技术"，还是"艺术"驱动呢？我担任过多件案例的评审，发现优秀的广告还是要依靠优秀的创意，光靠技术是远远不够的。

网络时代的广告投放是以毫秒计算，有人会担忧未来被机器所取代。以凤凰网为例，广告营收约 15 亿人民币，一半用于程序化购买，这代表传统的销售将失去空间。2016 年，销售人员从 300 多人削减为 200 多人，人力重镇转往广告创意平台。但这只能代表技术的优化，并不代表人会被机器取代。

纯粹靠机器来运作媒体是好是坏？

以今日头条为例，它的定位是"你关心的才是头条"。在海量的信息当中，根据用户的喜好去筛选、推荐内容。

照理来说这是可行的，但是有用户表示，今日头条根本就是一个算命的 App，而不是一个新闻的 App。

若是在使用 App 初期点选过一些算命的文章，系统便会自动判定此用户喜欢这类主题，导致最后推荐的所有文章都和算命相关，造成讯息孤岛，让用户失去选择，甚至把优质内容挡在算法的滤网外面。这就是单纯依靠技术运作媒体会发生的问题。

脸书对于裸露暴力的算法排除也有类似问题，像经典越战照片《战火中的女孩》被定义为色情图片。

凤凰网和其他平台的运算方式略有不同。在机器选择、抓取内容后，会再由编辑挑选新闻，仍然维持以人为主的模式。机器人同样会推算用户喜欢的内容，但不会造成讯息孤岛，而是将用户还原成正常的人。用户可以看到编辑主动推荐的今日要闻，也能看到机器自动推送的话题。

以前今日头条最大的卖点是没有编辑，全部靠机器运算，如今却成为最为人诟病之处。

机器运算还会造成垃圾讯息的问题，容易使得老人轻信假新闻或假消息。凤凰网的目标是将人工智能转化为人机智能，还原真相，及时发现并处理假新闻，提供不盲目、不追踪、深入社会漏洞的新闻内容。

一般而言，广告容易让用户反感，因此在营销端有了新的做法。曾经有款手机跟凤凰网合作，于是平台请了一位新闻人撰写文章，一开始推送的文章偏向分析，再根据前面相关的文章推出更多内容，通过大量系统进行回馈，跟进二次推销。

实际操作，一开始是发布苹果后继无力的分析；第二篇则是有关中国市场该如何进步；第三篇内容是中国手机的比较，并在当中置入手机厂商的信息，降低用户反感的概率。

## 原生广告抢占用户时间

在移动化时代，抢占用户时间格外重要。利用用户在媒介间的跳转，以多个媒体的组合搭配抢占更多时间。厂商会因为利益驱使而将编辑，甚至广告遮蔽裁撤，但是这些都可能打击到用户，让他们产生不满。

原生广告（Native Advertising）的概念最早是由 Fred Wilson 提出，这个投资者在雅虎、脸书、推特上的广告都可被归为原生广告。

凤凰网总裁李亚在 2012 年参加美国互动广告局（IAB）年会时接触到原生广告的理论，并将它带回中国，他是最早开始应用原生广告概念的。

多年来，传统展示广告最大的问题就是没有人看。网络广告最早出现在 1997 年的天极网，当时一小块广告就要价 1 万多美元。鼎盛时期网络广告竞争者少，若是广告素材不错，点击率可以达到 9%，如今已经不到 0.2% 了。

根据 2012 年的统计数据，有 33% 的用户完全不观看投放的广告，这些用户对于页面布局相当熟悉，他会知道顶部有头版广告，右侧有大图广告，所以会直接以视线屏蔽广告位置。根据视线图的实验，会发现大部分用户的眼光都放在左侧，这对版面的布局有很大的影响。如果左侧是内容，基本上会停留在左侧顶部靠上的位置，如果将广告放得太远，被忽略的可能性就会大大提升。

实际上在计费时，每当用户打开页面，页面被下载一次，这个广告就会记上一次曝光，广告费就是这么被浪费掉的。

原生广告的概念有三：

第一是融入媒体。以媒体呈现内容的形式去呈现广告，例如讯息流。这相当于把广告和媒体内容放在同样的环境内，如此一来被浏览的效果会提高。

第二是提供共同价值。将广告和媒体内容放在一起，如果广告价值太低，让用户看到低俗的内容，就有可能对媒体感到反感。既然将广告内容和媒体内容放在一起，就更要讲究广告质量和内容价值。

第三是快速式的跨媒体投放。广告可以轻易地以不同媒体形式投放，像电视、手机、PC。同样的素材以不同内容形式出现，像单纯的图片和gif动图文件，就能在不同媒体上快速出现。同一部影片，也能在手机、PC、电视上同时出现。

## 创意以阅听人的产品需求为主

2008年的毒奶粉事件爆发后，所有的奶粉企业都想尽快扭转和消费者之间的关系，其中伊利就和凤凰网策划了《中国牛仔的一天》。

平时无菌厂房皆由玻璃隔绝，除了生产线以外什么都看不到，消费者就算去参观也不会有太多感受。所以凤凰网采用另外一种方法：让记者编辑去参观牛奶生产工厂，并制作新闻专题。

或许有人会怀疑这中间是否存在公关和收买的问题，其实这项策划的重点在于，记者和编辑并不知道这是一则广告。

在他们停留工厂的过程，完全是以新闻工作者的角度去完成专题，不存在经过包装的东西，除了衣服上的小标记，也没有刻意的广告露出。大部分人是看完内容后才去关注品牌标记，让这项策划的效果变得很不一样。

这项企划并没有过多的创意，只是单纯地还原现实，反而引起人们的关注。

有时候创意未必能融入受众的心，但一则普通的新闻专题能被许多媒体认可，甚至让伊利得到更多公关资源。

伊利将公关资源全部导向《中国牛仔的一天》，后续还延伸到《"90后"妈妈的一天》。"90后"妈妈其实是一名养了小牛的女工。这些新闻专题既是广告，也是媒体内容。

2013年的广告产业在理念上有了改变。奥美的360度品牌管家从围绕品牌，转变为围绕消费者，去述说消费者都在做什么，并围绕消费者所关注的影片和参与的媒体进行传播，不再将重点放在品牌上了。

原生营销让广告主从1.0转移到3.0，从以产品为中心转移到以需求为中心，也就是开始关注品牌跟消费者之间的互动，再转移到不单以消费者需求为中心，而是对产品的附加属性有什么需求。三阶段的变化愈来愈靠近阅听人。

现在很多年轻人的汽车购买决策过程，已经远低于平均的130多天，若对品牌产生好感，大概十几天内就能完成决策。

对于现在的中国消费者而言，一般十几万的汽车并不是很大的支出，决策速度变得愈来愈快。

在中国，春节期间并不是塑造汽车品牌的好时机，因为在年底为了完成一年的业绩，通常会做很多促销广告。但福特在2014年推出的某款车在10月上市，只能在春节期间进行品牌宣传。

最后决定从内容切入：当时很多年轻人在讨论与春节相关的话题，像领年终奖金、回家被逼婚、回家过年车票难买、年夜饭怎么吃等，都是他们最关心的思考点。

结合这四个话题，福特制作了四部短片，例如一个年轻人拿年终奖买了一件很贵的衣服，结果发现淘宝上有很多同款，公司保安也穿了那件同款，他觉得自己没有达到目标。通过加入年轻人的共同话题，这四部广告短片成为春节期间聚焦眼球的网络事件。

这个汽车广告做到第二年时遇到了问题，若是再和年轻人有深入的探讨，往往会进入心灵鸡汤的误区，这是现在年轻人不愿意买单的。关键在于找到会出现在年轻人身边，真的可以去仿效的人，以及能引起年轻人群共鸣的话题。

像"拼爹"，指以家庭背景和经济状况决定优劣。这是资源分配的正常情形，若能在这种资源上一较高下也很厉害，但还是要避免自己一无是处，只能依靠家庭的状况。

"拼爹"话题会触碰年轻人内心的公平议题，希望自己的努力能获得相应的回报。因此，像马云这样的角色便会让很多年轻人产生归属感，因为他没有丰厚的身家背景，完全凭借一己之力打拼成功。现在愈来愈多的人认可这样的人，不管过去有多惨，只要通过努力获得成绩，大家就不会揪着过去不放，反而会更加景仰与崇拜。

营销思维也因此有所转变，从围绕消费者，变成把消费者当作合作者去围绕品牌。以前的广告常会以夸张的表现博取关注，但容易泛滥而引起消费者的反感，应该要和融入消费者真实生活的内容互相搭配。


## 好的营销需要各个平台的有效协同

以前的营销执行较为分散，策略公司、代理公司、采买、媒体各自独立。因为对速度要求的提升，现在要在一个平台上协同创作。

当企业生产产品时，所有单位都要加入营销，而不是生产完产品才去交给后端销售。以前是链条，现在则是圆圈。大家都在同一个平台上往同一方向前进，包括策略、媒介选择、媒体呈现，都是围绕共同的话题。

以 IP 整合同类型的广告，营销的评估也不再是单纯的数字，像每单次消费者动作成本、每千次广告展示成本、每单次销售成交成本、下载到实际的售卖都是销售导向的指针。这些虽然重要，但有时候品牌在上升期，需要一段时间才能达到售卖的高峰，因此也不能单纯依靠数据判断营销成果。

举个例子，奔驰和宝马在中国每年的投资和销量是交叉弹性（EA），就是两条交叉的曲线。比方说今年宝马的投资量很大，但是今年奔驰销量较好；明年奔驰的销量很好，但宝马的投资降低了。销售指标会有一定的延后性，现在做的事情对之后是有影响的。

营销是不是真的被人接受，取决于受众接触后，是否愿意往外传播，或是否对品牌好感度提升，扭转了原先对品牌不良的印象。营销并不等于广告，营销在实际工作中占了更大的比重。

奇异公司（GE，一称"通用电气公司"）在中国的第一年只和科技类媒体做深入的往来，像"果壳"和"知乎"这样的媒体。因为覆盖面非常小，需要找一个覆盖较大的媒体，通过好内容来吸引潜在关注的人。于是奇异公司和凤凰合作创新频道，利用弹出式广告引导用户进入创新频道，当用户离开创新频道时，cookie已经被记录下来。

之后用户在浏览其他网页的时候，旁边就会推送创新频道的内容，广告会跟着用户走。另外，也通过这些数据去选择用户较关心的话题，并结合奇异公司的内容，分为医疗、能源、再生能源发电等主题，在两年内，为奇异公司完成了针对一般消费者的教育。以往这样的企业，更多的是针对政府、企业采购的沟通，但消费者能够形成更大的需求，从而推动政府或企业去采买奇异公司的产品，因此在经营上出现如此转变。

## 如何打造有价值的广告

2015年出现了因特网＋（互联网＋）。网络成为救世主，可以改变所有的传统企业。那时的理解还很粗浅，只是把企业讯息和媒体内容搬到网络上，单纯地增加了在线渠道；但整体的营运模式并没有改变，包括媒体内容生产，仍然停留在编辑的选择，而不是观察消费者对于内容的需求上。

同年滴滴出行开始兴起，它颠覆了传统的营运模式，迎合了网络用户的使用习惯，创造了新的产品模式，重新建构了生活场景。

人们在外的所作所为是一个场景，但是心里关注的可能是另一个场景。就像学生坐在教室听课，心里却想着下课要去哪里，这时就有两个场景存在。原生营销倾向进入心理层面的场景，如此就会有更多选择来融合品牌与消费者。

以"飞利浦·医"的企划为例。因为中国医疗资源的相对短缺和分配不均，导致长期以来医患关系的紧张，媒体常站在病患角度进行煽动式的报道，导致医院和医师陷入舆论中心。政府和企业都想改变这种现况，往往因为部分媒体不负责任的报道而失败。

这时广告就能发挥作用和价值。凤凰网和长期参与中国医疗建设改善的飞利浦合作，因为飞利浦是足够成熟的品牌，并不强调曝光，企划重点是让消费者知道"飞利浦对于医患关系有所关注"，而且做了真正能够推动社会进步和变革的事情，进而提升品牌好感度。

无论是广告或新闻，面对的都是大众，广告人也能为社会带来意义。企业提供资金和资源，广告人可以提出很好的想法。凤凰网现在不再单纯关注营销，还创造了凤凰的青年品牌和公益品牌，希望能对社会有所帮助。

## 通过网络寻找创意灵感

现在给客户提供创意时讲求"依据"，通过网络能更了解现在的网友关注什么样的话题。这些话题不只是单纯的表面现象，比如《人民的名义》，是中国的反贪腐电视剧，每个人都在关注精英和反贪腐的话题，但还有穿越剧、清宫剧等类型，很难知道网友本身更关注什么。

实际操作上，借由钓鱼的手段可以得知用户是 26 岁狮子座未婚白领男性，如果要再进一步进行洞察，除了依靠上述信息，其余都要仰赖创意人自行推测考虑。

若通过大数据，就可以得知用户在凤凰网上浏览的内容，并为内容打上标签再做分类，也就是利用"凤眼"观察到更多。比如说用户正在奋斗、正在为工作焦虑、正在计划旅行和深造学习等，通过这些内容可以轻易地打动用户，而不是借由猜测的手段，而且也让创意来源更加准确。

2016 年，福特赞助了戈壁挑战赛，到处都可以看到它的标记。但是关注赛事的，基本上只有对体育或是马拉松感兴趣的人。

为了扩大品牌的影响范围，我们挖掘出一个故事：选手 Dion Leonard 在比赛中遇到了一只流浪狗，它伴随他跑了 126 公里，这名选手将这只小狗命名为"戈壁"（Gobi）。后来因为领养程序的问题，Gobi 意外在乌鲁木齐走失，我们便发起"千人接力寻狗"活动。当时有许多人在线持续关注，最后也成功寻回小狗，算是很好的结局，客户也非常满意。通过 Gobi 的故事，让原先专注于赛事的人，开始关注比赛以外的事情，也建立了品牌的温度。

广告营销的目的可能是激发愉悦、建立情感联系、激励人们探索的兴趣、唤起自豪的意识、影响社会。例如在父亲节广告中，父子之间看起来很陌生，但在某些微小的情境中会爆发出情感，就表现了现代人习惯掩饰和压抑，其实感情是一直存在的共通点，进而达成情感联系。

## 如何有效拉升广告转化率

凤凰在 2016 年推出凤羽 DSP 系统 [2]，采取程序化购买 [3]，运用空间非常大。像使用 App 时经常看到广告，指引用户下载别的 App，这是后台机制所造成的。如果在四款 App 上看到同一个广告，要如何分这笔广告费？

有个原则是"最后看的产生作用"。假设用户在看完最后一次的广告才完成下载，那么前三个广告都是不记名的，广告费只给第四个 App。

为了打破这种机制，脸书自行制定规则，为前面三家加上系数和加权。广告只要有曝光就能算入有效计费，而不全部依据下载量来分成。

程序化购买只有流量巨大的企业才有办法独立执行，像脸书、淘宝、腾讯、推特、谷歌。至于流量不足的小媒体，可以将自己的流量导向第三方平台，和其他平台一起完成程序化购买。

当第三方平台拥有足够的流量，便能利用平台自己的数据管理平台（Data Management Platform, DMP）去为用户加上卷标，进行具体投资，完成整个程序化购买的体系。


## 让营销具备原创性，有效营销客户


原生营销从以产品为中心、需求为中心，发展到以情感需求、体验为中心。通过"融入媒体环境""提供用户价值""不同媒体的多元曝光"，深入用户情感场景，抢占时间，改善广告无人观看的困境。并通过六项评估体系，检验原生营销效果：


1.融入场景：是否影响用户体验？

2.引发关注：用户是否被原生内容吸引？

3.引爆兴趣：用户是否喜爱原生内容，并愿意分享出去？

4.激发传播：是否引起社群媒体热烈讨论？

5.活跃品牌：是否吸引用户主动搜寻品牌讯息？

6.产生共鸣：是否对品牌 / 产品感到期待？

## 第九讲

## 人工智能与营销
### 人工智能如何帮助营销做出决策

　　现代用户无须再忍受传统媒体的广告，新时代的媒体像个人秘书，能提供给用户真正想要的信息，这才是吸引年轻一代的重要因素。

——郭志明

**讲师：郭志明**

从事广告营销行业已有20多年，1994年1月加入了盛世长城香港分公司从事媒介策划和购买的工作。1996年加入了实力媒体，并于1997年开始分别在广州、北京、上海三大城市工作。2004年成为实力媒体中国区的董事总经理；2010年实力媒体成为中国最大的媒介代理公司。2014—2017年连续四年荣登Campaign亚太中国区"Digital A-List"名人堂，并被委任为金投赏数据组主席。

五年前，大部分人认为人工智能永远不可能战胜人类。但阿尔法围棋（AlphaGo）的出现改变了人们的想法。阿尔法围棋在 2017 年和中国围棋冠军柯洁进行对弈，从中可以看出人工智能和人类的最大差别：人类无法在一年内有如此飞跃性的进步，人工智能却是可以和自己不断对战的机器。围棋的可变性是国际象棋的 10 倍，棋法的排列组合超过宇宙里原子的数量。如果以一般计算机程序按部就班地写下如何进行对弈，一步棋要花上 10 年，所以这是不可行的。

## 机器人学习给予反馈

近几年有人开始研究深度学习，让人工智能无须通过既定操作就能不断学习。通过给予表征，例如图片，让人工智能猜测并反馈，借此学习如何辨别图片所呈现的讯息。人工智能可以从表象提出共同特质，进而辨认讯息。

谷歌做了很多和机器学习相关的应用，像搜寻功能：搜索卤肉饭时，给予的结果可能是附近有卖卤肉饭的店；若经常搜寻食谱，给予的结果可能会是卤肉饭的制作方法。它不单会提供卤肉饭的基本数据，而且会学习用户的搜寻行为。

语音识别也是一例。美国已经推出了一些家庭助手，比如亚马逊的智慧音箱 Echo，不远的未来可能也会在中国台湾出现，协助用户解决很多日常问题。而在 YouTube 上经常观看某类型的影片，它就会经常出现在主页。

谷歌照片（Google Photo）可以正确辨认各为 14 岁和 3 岁时期的照片属于同一人，就算长相可能已经完全改变了。这让人感到非常惊奇。

## 语音与图像识别

Gmail 可以过滤垃圾邮件。翻译方面，可以利用语音来实时翻译。这些都是人工智能的应用。谷歌在 2016 年一年中的进步远远超过之前数年，就是因为近年机器人学习科技的进步。

人类因为拥有经验基础，所以能轻易辨识语言和影像；机器则要通过学习，近年在语音识别和图像识别上有了飞快的进步。

机器学习可以应用在医疗、教育、金融等领域，目前最受关注的是影像方面的应用。

应用人工智能，在对的时间找到对的人，找到最适合的环境、媒介，甚至可以进行优化和效益衡量。如果内容为王，那数据就是王后。数据指谁对品牌是有兴趣的、谁是会购买的、谁和品牌已经有来往行为了。

数据分为第一方、第二方、第三方。第一方代表企业，从官网、广告搜集数据。第三方是媒体、客户，将第一方的讯息进行细致的分类。

第二方是两方间的互动。例如，针对常出国的群众推销防晒商品，品牌会和航空公司洽谈，索取常坐飞机的客户的数据，这种就是第二方数据。数据本身属于另一个广告主或平台，通过数据交换获得更多元的信息。

## 个人信息保密

在美国，沃尔玛和一些信用卡公司，在匿名环境下进行信息交换。这里有两个术语，一是营销科技，二是营销技术或广告技术。

很多人会说谷歌是广告公司，因为超过 85% 的营收来自广告。谷歌主要是以营销技术为主，通过广告技术，像网站分析、媒体采购等方式帮助销售。

Oracle、Adobe 则是以营销科技为主，帮助公司进行内容配对，通过改善网站给予用户不同的感受。两者的合体就像谷歌分析（Google Analytics），或是像 Adobe，收购了很多投资公司和广告公司。

第二方数据的重点在于"非 PII"，PII 指个人保密信息，企业都不希望个人保密信息的数据外露，会以严谨的隐私政策去保护个人保密信息数据，但缺乏这些数据就会难以进行内容配对。目前谷歌体系的解决方法是将所有数据加密，广告主若想要数据，要在安全的环境下才能取得。

谷歌为了不让企业可以随意提取数据，侵犯用户隐私，会和企业进行数据交换，像在广告上面放上企业的标记。另一种方式就是金钱交易。

## 数据比对

每个用户的第三方数据都会有所不同。可能两个人都是 27 岁，居住在台北，但可能其中一位用户较常搜寻摩托车的信息，另一位则较常搜寻文身和摇滚的信息。从数据可以推测用户行为，比如很多人常看与汽车相关的数据，却不一定会买车；但当用户开始浏览购车网页，并且进行细微的比较时，可能就是有购买欲望了。

若用户在服装网页浏览了 30 分钟，可以判断他是对服装感兴趣，此时提供包包、鞋子的信息就是错误手段。

三至五年前只能做到，若用户有浏览记录便不断提供相关广告，现在发现跳出率高，应该设法让用户深入内容。

人口属性是最粗糙的。

比方说婴幼儿奶粉，目标客群是 25~44 岁，拥有一个 1 岁以下小孩的妈妈。这种数据过于以偏概全，很多购买奶粉的是爸爸，甚至是爷爷奶奶，不能完全依赖人口属性。

密切关系也是影响因素，若有个男人不断查看婴幼儿奶粉的数据，可能就是他对此感兴趣。还有网络购物，消费者可能会在采购前，不断地比较价格和快递速度。

"相似"则是指采购同一商品的人有很多相似处，平台不单从用户的浏览记录，也会通过其他行为来判断是否有营销的机会。

和消费者决策相关的认知、考虑、行动也都是营销中的关键词。第一、二、三方数据都能帮助触达人群。

很多人对于和自己没关系的广告感到反感，但因为传统媒体无法得知用户的兴趣所在，所以无法避免无效的广告。

## 提供客户感兴趣的内容

传统的广告模式是想了一个创意，然后拍摄一些电视广告，所有受众都是订阅同一个屏幕。

现在的受众各自订阅不同的屏幕，每个人的广告内容都不相同。平台可以利用大数据植入品牌内容，并尽可能地精致化，在用户感兴趣的内容环境下提供讯息。

数据可以是代码或 App。比如现在某地正在下雨，在不同的天气环境，会有不同的天气讯息，要根据不同的客户信息去做定制，以创造忠实客户。

环境的信号，包括地理位置、经纬度、所用的手机型号、语言都是相关信息，能帮助平台产生为用户量身打造的创意，并有效率地运用资金。

## 广告定制化

要将对的数据用在对的人身上，并根据不同的情况、历史背景、地理位置、时间、品牌、目的进行创意组装。根据用户喜好排序，比如说热衷跑步的男性，面向他的广告，就能根据这些特质重新包装。其概念就是以用户的搜寻结果，去引导用户找到其他相关内容，这就是广告定制化。

现代用户无须再忍受传统媒体的广告，新时代的媒体像个人秘书，能提供给用户真正想要的信息，这才是吸引年轻一代的重要因素。

## 第十讲

# 小米的智慧营销策略
## 小米如何找到营销的风口

智能营销的重点在于，以用户需求为驱动，在适当的时空，运用适当的内容和形式，提供给用户需要的产品和服务。

——陈高铭

**讲师：陈高铭**

曾任小米市场部华东地区总经理。拥有15年的网络营销经验，曾先后任职于中华网、千橡互动等公司工作，见证了中国社会化媒体的兴衰与社会化及移动营销的发展。

　　中国的移动数字媒体广告已经超过电视，占总广告费的58%的费用，就此正式进入数字营销时代。后面将分三部分讨论移动数字营销。

　　第一部分，小米用了13年做到了中国领域的第一，营业额达到1 000亿人民币。影响小米成长和成功的关键是：它为什么会成功？在营销上有什么经验？产品有什么创新？使用者服务有什么创新？

　　第二部分，是未来数字营销的趋势。

　　第三部分，是移动营销和智慧营销。


## 小米营销成功的关键

### 结合软硬件

　　小米涉猎范围很广，有小米手机、移动电源、小米手环、小米电饭锅等系列。如此复杂的品牌，要如何建构发展？

　　从小米的"MI"和"米"来看，这样的命名有两个原因：

1."MI"指 Mobile Internet，小米的老板雷军在创立小米时一直在思考如何避开 BAT。BAT 就像黑洞，一旦某家企业经营良好，它就会马上收购，但它不是收购企业，而是做出同样的业务迅速打倒那家企业。BAT 掌握了流量入口，拥有大量的现金储备，任何企业都没办法绕开。

考虑到硬件的入口转移成本较大，小米决定不从软件出发，而是投身硬件。现今流行的影视网站，如爱奇艺、腾讯、优酷等，如果能独家拿到 IP 资源，就能成为流量入口，因为下载 App 是很方便的。反之，硬件的取得就没那么容易了。

2.**⚏**反过来看是"心"字少了一点，小米的用户经营理念是"让用户少操一点心"。用户不是上帝，而是朋友。

小米的产品分为两大区块，一块是小米公司自身的产品，另一区块是生态链上的产品。小米自身的产品是以个人为中心的手机、以家庭为中心的电视、以大数据为中心的网络服务。

生态链上的产品则是小米投资的公司，但不控股，而是把经营权和发展权交给被投资的公司。这些公司规模不一，但只聚焦于一款产品，小米会支持研发，并提供品牌、供应链、销售渠道的支持。

他们只需要负责把产品做好，其他的配套问题（钱、供应链、品牌、推广、营销）都由小米负责。

小米已经将几款产品做到全球第一。小米空气净化器在中国热销空前，小米手环则是目前世界第一的穿戴式智能装置。另外，还有来自小米收购的美国公司所出产的平衡车，目前也在准备推出智能摩托车，销往印度市场。小米电饭锅则是和日本合作，可以根据不同米的品种，自动控制气压和水量，如东北大米或四川大米，就会建议不同水量，并控制煮饭时间。

这些生态链产品都能以小米手机操作。比如下班回家前就能用 App 下达煮饭、拉开窗帘、调整空调等指令。小米的定位是智能营销，是移动网络时代的生产和销售。

市面上的小米操作系统带有各种软件，用户在使用时产生的数据可以用于开展网络服务。单纯贩卖硬件并不是网络思维。贩卖硬件以累积用户，企业再进行经营和管理，才能称为网络思维。

这是网络思维和网络＋的概念，小米是第一家验证并实施的公司。

在用户停留在硬件的基础上开展网络服务，像电商、游戏、广告，甚至金融。腾讯可以不发展硬件，专注在软件和网络服务，是因为 QQ 和微信太强大了。

在硬件和软件交叉处被激发的人工智能也是另一种趋势。人工智能的应用，一是信息的输入，如声音、图像、搜索等；二是处理和预行判断；三是输出。

人工智能要达到这三个目标，就离不开硬件和软件。

## 产品力最重要

现在有太多公司都将重心放在广告上，小米始终认为，产品力才是营销最好的素材。

几年前的诺基亚占据世界市场的 35% 以上，当时的品牌力非常强大；但当苹果和众多智能型手机出现后，品牌力就迅速下降了。

食品、饮料的品牌常出现这种情况，统一曾推出的"小茗同学"，因为包装可爱、符合目标消费群喜好，销售状况非常好。竞争者虽然也花了大钱做广告，但敌不过将营销重点放在自身产品的"小茗同学"。可见品牌和产品力才是营销关键。

以小米 MIX 作为产品力的说明：全屏幕概念手机、屏占比超 90%、全陶瓷机身、以陶瓷声学系统取代耳机孔。

这款手机领先了大部分的同类型产品，在评论和报道上都相当受欢迎。产品售价是 3 999 元和 4 999 元，在黑市上能卖到八九千元。

很多人以拿到这款手机为荣，因为陶瓷烧制的成品率约为 10%，产量有限不容易买到，形成饥饿营销。

当产品本身质量卓越，产品力就能成为营销力。年轻人抢购到手机后，会在自己的微信、微博上分享炫耀，他们并不是企业的代言人，却愿意主动散播产品信息。那英、郑恺、吴莫愁、王祖蓝等知名明星也都分享过，这就是产品的营销力。

《时代周刊》等外国媒体对于小米的评价，会影响 3C [1] 爱好者抢先购买。为了展现自己的实力和价值，这些爱好者会撰写帖文传播扩散，影响更多民众，其中不乏信息丰富的好文章。

小米 6 的配置也是一例：和 iPhone7 同级的拍照技术、三星 S8 的配置，但售价更低。

扭转"中国造不出世界一流产品""低价无好货"的刻板印象，是小米的中心思想。小米采取"成本定价制"，手机的成本若为 2 500 元，售价可能会定在 2 499 元，低价可以扩大销售量。

之所以能取得比其他企业低的成本，是因为 B2C [2] 模式。渠道成本非常高，再加上广告成本，两者占据手机成本的 40%~55%。只要产品够好，消费者自然就会帮忙扩散，因此可以省下广告费用。而电商贩卖以提前预约为主，也避免了库存产生。扣除通路和营销的成本，价格就能大幅降低。但这并不适用于每家公司。

目前中国智能电视的出货量占比达 90% 以上。现代年轻人工作忙碌，以前可以在固定时间观看电视节目，现在则多以网络观看为主。小米的现阶段目标是占领客厅，发展智能型电视。

## 粉丝经济从参与感出发

现在常说的"粉丝经济"，其实是从小米最先开始执行的。参与感是最关键的，当时在各大小社区论坛里面找了100人，帮忙测试操作系统、提出建议或意见，参与度愈高就愈能提升产品在小米系统中的等级。例如仅有100个名额的"发烧友赞助商"、1 200个名额的"荣誉极客团"，都是为用户定义的分层名称。

不同于淘宝上的客服互动，小米商城的评论互动很活泼，像"等我有钱了，我就带你去买两个棒棒糖，一个我吃给你看，另一个就……你看着我吃！感谢您对小米的支持。""唇红齿白原来也可以形容男生。大叔，你的春天来啦。感谢您对小米的支持。"这些客服评论完全来自人工，而不是由大数据格式化地生产。客服是倾听的管道，回复评论没有标准答案，也没有统一话术，就像和朋友之间的对话。

没有关键绩效指标，一切以为用户解决问题为导向。

每年有20%的客服人员进入产品技术团队，因为他们对于用户想法、用户需求洞察，以及产品设计瑕疵的了解，都有利于提升产品和服务。产品研发分为"技术"和"产品"两个层面。

　　"产品"指产品的原型和功能，客服人员会进入这一部分的研发，其余仍交给技术团队。

　　对使用者而言，参与感是目的而不是手段。让用户加入产品的研发，可以激发参与感和存在感，这是现代人所在乎的，就像大家在微信、脸书发文，都是为了博取关注，提高存在感。为了完全消化客户给予的意见，评论会被标注是否已被回答，相关客服人员会分别针对不同区块，进行逐条回复。

　　小米还将用户分为特殊用户（1 000 人核心米粉）、VIP 用户（125 万优质用户）、真实用户（680 万真实用户）、普通用户（7 000万注册用户）四个等级。根据等级测定、活跃度等，邀请米粉参加产品发布会，这在粉丝间是一种荣誉。手机的命名也会让消费者决定，像 2016 年小米 Max 就是由消费者在网络平台上讨论决定而成的。

　　参与感的另一个应用是"小米家宴"。

　　在全国各地的米粉中选出 300 位，邀请到北京，由小米承包交通及食宿费用，让他们有回家的感觉。家宴中，小米高层分布在每一桌，和米粉们交谈、游戏、进行直播。北京是主会场，而在全国各地也有家宴分会场。在现场看到米粉和团队的互动会很感动，能感受到这是朋友间的沟通，是小米发自内心想要做的。也曾做过爆米花年度盛宴，以及公益路跑活动。

除此之外，还有一些更具挑战性的活动，比如飞机高空漫步，也曾组织到微软总部参观。因为微软认为小米用户是中国IT、3C界当中，最活跃、最具凝聚力的客群，这和微软的定位很接近，所以想聚在一起讨论。

小米的根本有几个关键词：定位、价值观、用户关系、产品、渠道。营销或传播无非是考虑这些方面，根据不同的企业类型和时代，侧重点会有所不同。现在有愈来愈多的企业以消费者为主，这是应该注意的趋势。

## 未来数字营销的趋势

### 目前营销的趋势：年轻人

现在的品牌都很重视与年轻人的沟通，尤其是针对"95后"的群体。年轻人的特色可用两个字概括：怕、贪。这并不是带着贬义评判，而是指一种人性。

年轻人的距离感和时间感，也表现出"等不及"的特质。现在的孩子是家庭的中心，不仅有父母，父母上面还有两对老人家，所有人都会满足孩子的需要，这种满足是及时的，所以养成了孩子的"等不及"。

## IP（专利）与内容

IP 不仅是综艺、电影，而是形成了一个产业。IP 可以分为外来 IP 和自制 IP。IP 指网上的文字小说被拍摄成电影，或成为出版物、游戏，可以借由 IP 改变品牌的形象。

现在的问题在于，质量良好的 IP 头部资源非常稀缺，也很昂贵。内容方面，要考虑如何做出好的 H5（一种可以跨平台网页应用的程序语言）、好的文章，如何与明星粉丝互动。社会化传播已经成为每个品牌必做的内容，就算品牌不做赞助，也一定会做社会化传播。

但社会化传播也存在一些问题，比如盲目追求阅读量、点击率数据，形成"自嗨"现象。

一篇文章有 10 万阅读、1 万点赞，这些数据是否对线上线下销量有影响、能否影响消费者、是否和产品的卖点有关联，因为衡量标准存在争议，都是需要考虑的方面。

## 跨界

比如 CHANEL（香奈儿）推出咖啡，肯德基推出口红。小米也曾和 PUMA（彪马）合作，消费满 1 000 元就送全球限定 2 400 个的定制手环。

## 粉丝经济

无论合理与否，消费者的选择是最重要的。正因如此，很多品牌愿意和粉丝量庞大的"小鲜肉"合作。粉丝群体愈来愈活跃，值得关注及研究。

## 大数据

挖掘大数据的价值在于真实性、时效性、多样性、关联性。其中因为大数据常有虚假、滥用的现象，在分析使用时尤其要注意真实性。

关联性则会影响和品牌的联结使用，如何调取大数据并使其与品牌相关联，为经营所用，是当前应当关注的重点。

**场景**

场景营销，也就是在什么时刻，做什么合适的事情。

**情怀**

针对年轻用户，在形式和内容方面要关注专利和内容。在渠道要做跨界，要关注粉丝；在技术运用上要使用大数据；在手法上要使用场景；最后要讲出情怀。所有因素组合而成，即为未来的营销传播趋势。

# 移动营销和智慧营销

## 从数据找到关联性

小米所生产的东西，都受到其他小米产品的直接影响。这和BAT 的营运方式不太一样，BAT 的所有动作都要仰赖 App。小米是"物联网"的概念，家里的摄像机、体温计、电饭锅、智能跑鞋、电视机等，所有硬设备的使用数据，都会反馈到小米营销。

和 BAT 的差别在于，BAT 是在网上直播，小米则是服务用户全维度的真实生活。

数据的来源愈来愈多样。比如女性用户购买口红的行动轨迹：基础数据可能来自美图类 App 的使用，因为会使用美图类 App 的群众，通常对于美的意识程度也较高。或是用户在买车前可能会使用汽车之家。这些用户行为的变化，都是数据的来源。

而通过手机自带的输入法，可以获得用户的浏览数据、App 数据、搜寻数据和购物数据，并借此了解用户的购物、社交、个人咨询、娱乐的习惯和偏好。

硬件加软件的大数据，和传统的 BAT 购物属性、社交属性是完全不一样的。这种数据可以客观、实时地刻画出用户的喜好和属性，并做出行为判断。

举个例子：经过用户调查研究，可以得出使用小白智能摄影机的用户，家里通常有养宠物的结果。将用户整天的行为记录下来——早上起床听音乐、看新闻……把用户本身数字化以提供不同的服务，就是大数据的具体应用方法。另一个作用是真实地去洞察和预判客户的需求。

以巴黎欧莱雅为例，消费者无论在何处购买都会留下手机号码，品牌可以由此循线找出消费者，并搜集相关资料，比如他们位于几线城市、年龄分布、喜欢的明星是谁、平时会去哪些商圈等。通过这些手机记录的数据，就能进行消费者洞察并预判需求，为营销做准备。

### 广告转化为服务

大数据也能协助品牌，把用户定向拿来进行组织营销。像根据点击用户的类似广告受众数量，以及点击用户的关键词来进行lookalike 广告（"类似广告受众"广告），并做深度分析，提高投放精准度。

比方说，通过用户听鹿晗的歌、搜索鹿晗、看鹿晗的电影等行为，可以区分鹿晗的粉丝，并进行个别的投放。也可借由运动App 的使用、相关网站的搜寻、运动鞋的购买，来判断用户是否为运动人群。

全场景的利用能让广告转化为服务，在一天的不同时间给予用户适时的推送。像小米为鹿晗粉丝制作的鹿晗主题闹钟，会有鹿晗在早上叫用户起床的功能，也会定时发送特定优惠券作为粉丝福利。

天气预报可能会显示："冬天到了，鹿晗提醒你要保温"，或是空气很好时提醒用户去跑步，并推荐跑步产品。通过体验和场景的营销，让广告转化为服务，达成智慧营销。

情人节时小米也做了相关活动，但不是在 2 月 14 日当天，而是在 2 月 10 日至 2 月 12 日在日历上做了日历版面的宣传，目的是通知用户提前准备情人节礼物，而不是在 14 日当天才匆忙准备。

因为无法判定用户是否有交往对象，在创意上也有所微调，文案不会单纯催促情侣买礼物，而会说："情人节快到了，给自己一些鼓励。"

未来也希望有更进阶的活动，像是在七夕打开 App 的时候，就会看到上面写着"×××，我爱你"，并出现用户和交往对象的相关照片和文字。

这项活动的前提是用户有交往对象，无论对方用的什么品牌，只要用户本身使用小米手机，对方就能输入用户的手机号码以及想说的话和图片。当用户使用小米的任何一个 App 来听音乐或是看影片时，都会出现对方的定向表白。

也会根据用户所追踪的戏剧场景赠送约会券。智能电视也会结合时事热点安排开机广告，像奥运期间中国女排夺冠，便在电视的锁屏期间插入可口可乐的广告，显示"此刻是金"的广告标语，融合了品牌和热点，也是赛事和节日的结合。

这些场景营销实现了碎片化，在适当的时间、空间，以适当的形式、内容减少用户的决策成本。

以前的广告是单向的传播，不适合现在以用户为中心的传播模式。要理解用户，以用户的需求作为驱动，让广告不再是一种强制的传播，而是融合智慧营销的服务。

### 小米的智慧营销运用

智慧营销的重点在于，以用户需求为驱动，在适当的时空，运用适当的内容和形式，提供用户需要的产品和服务。小米的运用准则有二：

1.大数据：通过软硬件配合，进行完整实时的分析追踪，做出用户的真实洞察和需求预判，让智慧营销更有效率。并通过时效性、真实性、多样性、关联性检测营销成果。

2.全场景：运用全场景智能营销，重新聚合用户的碎片时间，影响用户心智，减少决策成本。

## 第十一讲

# 移动网络翻天覆地式的变化
## 有关移动网络，业者在思考什么

移动网络的发展立足于年轻人，因此，针对年轻一代的洞察是最重要的。

善加利用人工智能更精准地判别受众，会是未来网络发展的主流方向。

——崔尧

**讲师：崔尧**

还没毕业就加入网络行业，并在众多新人中脱颖而出。曾投身迅雷，从员工到主管用了不到一年时间，并外派上海两年开拓上海市场，帮助迅雷在全国品牌上都取得了优异的成绩。在搜狐的职业生涯也突破了员工升职的纪录，在两年内连升三级，并借助华东力量帮助搜狐在华东建立团队，后负责全国的代理商业务。加入一点资讯后，对于市场的开拓发挥了极其重要的作用，从代理商的合作，到市场反响，到全国团队搭建，都取得了显著的成绩。在整个网络时代经历了入口到影片，再到移动网络的巨大变革，始终学习和充实自己，迎接改变，并在整个代理商圈子积累了丰富的经验和人脉，继续向往和迎接接下来的挑战。

## 移动网络发展结构

在讨论新兴的网络产业，包括影响网络蓬勃发展背景的年轻人是如何影响经济结构之前，要先思考移动网络的特别之处。

第一部分，首先介绍移动网络的发展模式和结构，以及在2015—2016 年的爆发式成长是如何影响经济结构和模式多元化的；第二部分，成就中国网络高速发展的原因，及其背后操纵的人是谁；第三部分，网络时代从 PC 进化到搜索、社交的变化，科技在其中扮演的角色为何，科技又是如何和人类搭配的。

在网络社会，可以用电子信箱替换邮筒，实时接收与发送；可以通过搜索引擎，在最短的时间内得到最好的回复；能以YouTube 取代定时定点的电视节目，并随时搜索想观看的任何内容；能以脸书等社群平台取代告示栏来公告讯息；能以推特在线私聊取代悄悄话。

由此可以看出，网络的诞生让生活产生了剧烈的变化，尤其是移动网络，让一切变得唾手可得。手机成为现代人密不可分、赖以生存的"新器官"。

第三方数据甚至显示，有47%的亚洲人甘愿为手机放弃性生活，未来的性爱甚至不再需要通过人与人实际的交流。在中国，超过一半的"90后"有脱机恐慌症，人们平均15分钟查看一次手机，出门忘记带手机、手机电量低到20%，都会让他们产生恐慌。这种现象也衍生出新的名词：Phub低头族（Phone电话＋Snub冷落），很多企业也发现了手机对于人们日常生活的影响。

到2016年年底，中国网民的规模已达7.1亿，其中手机用户占95.1%，约有6.95亿的用户，几乎相当于成人人手一部手机。中国有1/3的经济贡献来自网络（也包含网络广告），单就网络广告的经济贡献就有3 884亿元，其中的2 649亿元来自手机广告。

虚拟现实也是未来的大势所趋，在戛纳广告节已经出现虚拟现实专场，这代表全球都看好虚拟现实的市场。PC用了14年从台式组装机进化到笔记本电脑，并达到顶峰。

相较之下，智能型手机在苹果的带动下，五年内销量破亿。根据预测，虚拟现实将在三年内销量破亿，时间的缩短可以归因于现今年轻人对新事物的接收能力。虚拟现实为成人产业带来的经济效益仅次于电影和游戏产业，另外包含智慧家居、汽车，都是虚拟现实可以运用的产业，未来的生活环境将充斥虚拟现实科技。

从世界产业和第三方的美国评估机构来看，2020年的成人行业会因为虚拟现实增加一亿美元的价值，仅次于虚拟现实的游戏与电影。到2024年时，可以进化到以远程、虚拟的方式，让消费者感受到成人世界的快乐。

虚拟现实更重要的是促进了各个产业的发展，包括智慧家居，现在各大家电行业已经开始朝此方向发展。汽车未来可能也会取消所有屏幕，将所有信息投射在玻璃上，这些都是虚拟现实的衍生。


## 衣食住行在线搞定


移动支付来自微信的"发红包"服务，在微信上收发红包需要绑定信用卡，因此形成封闭式的循环，让移动支付业得以在各个年龄层都得到很好的发展。

特别是受到"90后"学生和职场新贵的行为习惯影响，移动支付在中国相当兴盛，支付金额已经达到了157.6亿元。根据第三方数据，已婚人士的使用率也很高。

有了移动支付后，无论是手机叫餐、叫车、订购机票饭店，都能直接通过网络或是App预订支付。现在在大阪、东京也能使用移动支付；几年前韩国首尔明洞附近曾有大量支付宝广告，使用支付宝付费还会打折。中国企业将移动支付带到世界各地。

在线支付与购买也能让业主搜集消费者的个人资料库，达到为消费者量身打造的讯息推送，让企业和用户的连接纽带更加紧密，这也是移动支付的好处之一。

有了移动支付，衣食住行都不再需要使用现金。根据调查，78%的受访者会使用移动支付在网上购买衣服，除了最大宗的淘宝，还有京东等垂直类电商，都能购买最新鲜、限时推出的商品。这些平台提供分地域的速送服务，将中间的送货流程缩短，快速将商品送到用户手中。而习惯线下购买的群众也有40%会使用移动支付。

"食"的部分，75%的受访者会使用在线支付和在线叫餐。在线叫餐的方便甚至导致了泡面销量急遽下滑。叫餐App有饿了么、百度外卖、美团外卖，依据营销重点的不同，在不同区域各有主要市场。

街上的摩托车也因为外送服务盛行而变多。就算是外出吃饭，也有62%的受访者会使用微信支付，比例较支付宝稍微高一点。

"住"的部分，现在很多人都会使用微信和支付宝处理生活账单。比如说在上海，只要关注微信上缴费的公众号，就可以用公众号处理所有的水电燃气费用，若需要账单或凭证，它就会给用户发送电子版。

阿里巴巴的第一个智慧小区——福建的巴黎春天小区已经落

成。在智慧小区会有一个中枢机构，将车位管理、停车费缴纳、物业费缴纳、水电燃气进行智慧化的完善服务。

"行"的部分，机票购买、叫出租车也都受到移动支付的影响。中国不能使用优步，取而代之的是腾讯旗下的滴滴出行，同样非常方便。

娱乐部分，中国的电影总票房有 80% 来自网络购票，看电影之前的买票和选座位也是通过网络。在微信上有个娱乐版块，上面提供各种电影信息，也可直接订票选位，到电影院后无须再排队买票。

KTV 因为需求量较小，是待发展的区块。像文艺演出、演唱会的门票就能在网络上直接订购。"大麦"是目前最热门的售票平台，提供演唱会、话剧、歌剧的最新讯息。此外，因为"大麦"是正规贩卖渠道，也能降低黄牛、假票泛滥的情况。

## 共享经济无所不在

从 2016 年开始流行的共享经济，以字面解释，是指"在所有权不变的情况下转移使用权"。

共享已经渗透到生活的各个方面，像和几个人一起共乘平摊车费。在住宿领域，除了一、二线城市常见的爱彼迎（Airbnb）以外，还有"小猪短租"。

餐饮类也有类似的 App 或服务，可以预约厨师上门做饭，甚至不用自己准备材料，还能指定不同餐厅的大厨。在家中聚会时相当实用，免于在招待客人时，因为做完饭后大汗淋漓而兴致全失的状况。

共享模式在知识的办公领域也很常见。像是"梦想加"，借由办公区域的共享，交流分享不同办公者在各个领域的知识。

而从"行"的角度分析共享经济，虽然优步已经退出中国市场，但它确实打破了原有的出租行业生态链。

优步将供给端放大，让私家车只要经过授权就能接待乘客。在车上提供矿泉水和手机充电器等服务，也是由优步首开先河。它极大地影响了现在的滴滴专车和滴滴快车，也影响了共享单车。

摩拜单车是第一个创立共享单车生态链和行业的公司，还有就是 ofo 小黄车。虽然有段时间北京不太适合骑单车，但共享单车的出现缩短了城市居民的生活半径，并提倡了更健康、更环保的出行模式。

摩拜单车目前的保有量是 769 万辆，从 2016 年年中的提升到 2017 年 2 月下滑，但在 2 月过完年后又出现飞速增长，增长率是 250%。

ofo 的起步虽然比摩拜晚，市场的保有量也较低，但在 2017 年上半年呈现急速发展，增长率达到 460%，保有量 369 万辆。

这两家企业在北京、上海、广州、深圳、成都等城市覆盖率极高，在公司、商场、地铁站、大学的门口都能看到橘色和亮黄色的共享单车供大家使用。以北京、上海、广州、深圳四城市来做比较，从会影响骑行意愿的空气质量和路况来看，这四个城市状况各有不同。目前深圳骑行意愿最高，因为空气好、城市规模较小、道路不拥挤。

最初深圳在建立摩拜单车时，午夜 12 点后是骑行人数的巅峰时段，一直到凌晨 3 点，单车的活动率和覆盖率都很高。但北京和上海并非如此，因为北京生活半径太大，道路也较拥挤，加上雾霾和沙尘暴等空气问题，骑行意愿是四个城市中最低的。以我自己使用摩拜单车的经验为例，可以在中午和同事相约骑单车到公司两公里之外，发现了更多美食。相较于其他交通工具，单车缩短了人们的生活半径。

营销主打北京、上海、广州、深圳、成都、南京，也是因为和地铁站的合作。很多人不是住在地铁站附近，单车可以取代徒步，缩短通勤时间。车辆利用"智慧锁"来管理。

只需安装 App，扫描单车上的 QR Ccode（二维码），智慧锁就会解锁并开始计费，到达目的地把锁关上时，手机会显示行车结束并结算费用。另外还有多项专利技能，包括行为规范。摩拜单车起初遭到很多破坏，现在利用信用分级实名制的注册，杜绝低于12岁以下的儿童使用以降低破坏率。同时办了很多宣传活动以鼓励绿色出行。

另外，他们主打差异化的城市营销，进入200所高中、46座城市，并规划多元的市场活动，像是每周一的"免费星骑一"，让使用者获利。

很多白领以骑车找回学生时期的感觉，加上现在年轻人生活观念愈来愈健康，骑车也可作为锻炼方式。环保观念的普及也是一大原因，大城市的污染愈来愈严重，很多人都希望能身体力行去做点事情。身体、环境两项因素，是让单车活跃的重要原因。

## 直播价值直逼电影

直播是近两年最流行的产业，个人直播成为很好的赚钱途径。在不到一年的时间，直播平台已突破200多家。直播产业的兴起源于年轻人的表现欲，通过直播的途径，找到除了出唱片、拍电影、拍电视剧以外的成名方式。无论表演内容为何，直播平台提供管道给许多有才华的人。

现在 200 家直播平台的市场规模高达 90 亿元、平台用户规模 3.25 亿、直播的 DAU[1] 有 2 400 万。不过目前的 App 同构型太高，未来数量可能会逐渐减少。

团购平台曾在六年前爆红，其间有无数个团购平台出现，却也在短时间内大量倒闭。市场能让更多资本方的资金流入，通过用户的使用和平台的发展，让直播平台走向精致化。

直播平台也为很多企业、产品带来价值和名气。

例如专卖坚果的淘宝品牌"三只松鼠"，也是通过直播和社群平台走红；"喜茶"也因为朋友圈的传播而流行，排队两小时以上是常有的事；有助于睡眠质量的"睡眠水"，也都是得益于社群平台的推波助澜。

直播和移动网络，对快速消费品有很明显的促进作用。以网红零食的经典传播案例"辣条"为例，辣条是一种豆制的地摊产品，形象较为廉价、不卫生。近年经过产品升级，重新塑造包装与品牌，再通过社群传播，唤醒"80 后"的儿时回忆，经由"80 后"的白领和精英去传播辣条，再经过淘宝、壹号店等电商平台，直接产生购买行为。

## 年轻人喜欢的才算数

移动网络的发展立足于年轻人，因此针对年轻一代的洞察是最重要的。以美剧《权力的游戏》中的角色来形容，"铁王座"代表广告界的精英阶层，是投身广告、网络已久的人，能以一定的经验判断产品和营销内容的优劣。而"乔大帝"二十至二十五岁的年轻人，他们的崛起导致了时代的变化。年轻人在网上转发与议论的话题很容易得到传播和关注，三十至四十岁人群所流行的话题则不太受关注。

正因此，年轻人将成为关键关卡，要让他们喜欢才有办法继续生存。拥有上千万粉丝的papi酱也是年轻人，广受"90后"欢迎，能够引起年轻人的共鸣和兴趣，才能在网络时代获得传播的机会。

根据第三方代际洞察的数据，可以发现1990—1995年出生的人，较不关心结婚、同居等问题，但对个人教育、自我建树等议题相当关注。另外，可能是因为大多数"95后"尚未赚到可以买房买车的钱，对这部分的关注程度也较低。

另一方面，"80后"喜欢进口品牌，"90后"则喜欢新创品牌和自主品牌。再细分，"80后"喜欢谈论时尚，向往高质量生活；"90后"热爱运动健身；"95后"热衷于二次元，包含游戏、漫画、动漫、明星八卦。

整体而言，"80后"较有社会责任感，关注社会热门议题与时政新闻。"90后"注重个人娱乐，其中"95后"对于日韩娱乐，尤其是韩国影视的关注程度明显高于其他年龄段。

目前微博的使用方向有了改变，"80后""90后"的用户微博发布帖文多在两百条以上。"95后"的用户比起发文，更常将微博作为接收讯息的平台。"95后"喜欢使用的 App 更年轻，也更二次元化。

以锐步（Reebok）在韩国地铁站举办的活动，来说明企业如何和年轻人相处，并让年轻人带动品牌。调查显示，超过七成的韩国人缺乏运动，因此锐步借由游戏的方式让通勤中的上班族站起来活动身体。

站台闸门两旁的玻璃换成交互式面板，并随机选择坐在站台椅子上休息的两人进行比赛，当面板上的按钮亮起，就要马上按下按钮。

速度较快的一方赢得比赛，并能拿走藏在交互式面板后的新款运动鞋。这项活动成功地引起了年轻人注意，并向外扩散讯息，让更多的人去参与活动，收到很好的宣传效果。

说教对现在的年轻人而言并不讨喜。现在的模式是给年轻人一扇门，至于他要不要走出去、前往哪个方向都是自己的选择。

以 New Balance574 "致匠心"的广告为例,这部以李宗盛制作吉他和制鞋师傅为主题的短片,虽然当时目标受众是白领和精英,但在影片推出后,意外让年轻人受到触动和鼓舞,后来也顺势推出以校园为主题的系列广告。

Volvo Trucks 曾让一个四岁小女孩以遥控器操控 Volvo 卡车,表现卡车的质量和性能。不同于其他汽车广告强调品味的距离感,这个广告中表现出的真实,很接近年轻人的状态:大人带着紧张的表情,小孩仍然自在开心地随心操控着卡车。这也提醒大人要更洒脱、真实一点。

中国推行二胎政策后,从大数据和热词系统可以发现 "七人座 SUV"关键词的出现,广告主注意到此,便开始和汽车类的自媒体合作,推送更多有关二胎和 SUV 的新闻,借此捕捉网友的关注点。

以奥迪为例,通过热词系统分析发现,奥迪和动感、设计相关,所以会在相关领域的垂直频道推送广告,让广告效果加倍。或是 App 用户在开机广告时产生点击行为,平台就会在后续推荐相关内容,这些都是广告和大数据转化成功的案例。

麦当劳推出 "充电饱套餐"时,和小米手机合作的营销活动也是一例。为了延长产品生命周期,从大数据分析得到 "加班" "广告创意" "上班族" "孩子"等关键词,并结合要求推出活动,推送给相关人群：当手机电量低于 50%，小米手机的用户就会收到推送提示，便可以到附近的麦当劳充电。成功和小米合作完成在线、线下加上硬件的联动模式。

未来的移动端，最重要的就是精准性。如何结合人为数据、机器数据去洞察用户各自不同的生活习惯，提供更适合的广告内容，会是取得营销成功的关键。

## 移动网络和人工智能的化学反应

媒体和广告行业因为人工智能而逐渐发生变化。《纽约时报》的移动新闻 App，便是由人工智能主编负责预测每天网络上最热门的事件，通过机器学习，将图片、文字、标题进行再次组装，然后推送给相关的社群平台。

通过人工智能筛选的文章点击率，是普通文章的三十八倍，它能捕捉网络上的各种行为，包括如何转发热门词汇、内容并做加权。由此可见人工智能学习能力之强。

在很多负面新闻爆发的时候，通常会通过公关行径、人为行径去辩解。

人工智能的出现改变了公关行业，它会去学习如何针对这则负面新闻，在网络上进行最有利的响应，并通过加权算法去响应转发，效率极高。

人类能在开车时判断的路况大概只有数十种，但是谷歌无人驾驶车能预测到一百万种，囊括在驾驶中会遇到的任何状况，让无人驾驶更加安全和舒适。

个性化推荐、社会化阅读，则是通过用户的阅读、推送文章，来精准地判别用户的喜好，并推荐相关内容。

因为现代人的需求层面多元，喜好不一，通过人为编辑判断已经不够准确。善加利用人工智能更精准地判别受众，将会是未来网络发展的主流方向。

## 第十二讲

# 迎接未来
## 大数据时代的网络营销

很少有品牌进行广告传播时完全不看效果数据，只看品牌心智的影响；也很少有只在意效果数据，毫不考虑品牌影响的企业。

——曾良

**讲师：曾良**

身为 IT 和网络行业的资深高管，曾良的职场生涯聚焦在 IT 和网络行业的业务拓展、营销与经营管理，在中国和海外市场都具备领导多样化团队并使业务高速增长的丰富成功经验。2010 年曾担任微软（Microsoft）大中华区副总裁，全面负责微软在大中华地区针对政府、教育、医疗等重点行业的战略、业务拓展和运营。2013 年加入百度，投身网络行业。2015 年出任百度糯米公司总经理，致力于在移动网络时代连接人与服务，打造 O2O 生活服务平台。2016 年"中国互联网＋创新者年会暨 2015 年度互联网＋创新奖颁奖典礼"年度 O2O 风云人物、2015—2016"中国年度电子商务创新 O2O 人物"。

# 传播是科技与艺术的结合

在网络时代以前，广告和传播属于社会科学的范畴。随着搜索引擎的出现，广告成为谷歌、百度等网络公司的主要营利方式。

数字营销的兴起也使得社会科学和理工合流。未来的广告、传播是科技和艺术的融合。科技、艺术孰轻孰重，则会随着网络的发展有所改变。

以网络人的角度看待传播和广告，网络本质无非八个字：从无到有，从慢到快。它创造了很多从无到有的模式，比如网购。

天猫、京东年年都在刷新"双十一"的历史纪录，每年的"双十一"网络业者和广告业者都要通宵工作，从凌晨 12 点整点开始计算销售量。2016 年"双十一"，天猫在十几分钟内的销售额就达到 100 亿元以上。

网络改变了购物方式。阿里巴巴的首席执行官张勇提出了"新零售"，未来的零售不存在在线和线下的概念，而是一个整合体。

不再拘泥于购物方式，而是着重于购物体验。无论是通过在线还是线下的方式实现，都能追踪用户行为，并满足用户的体验。

网络从最早的 PC 时代过渡到移动时代，下一个时代将由人工智能主宰。人工智能时代会大幅改变目前以手动输入文字为主的方式，转变为以语音、图像为主，去获取讯息和交流。

苹果手机（iPhone）的出现代表移动时代的开端，以手指滑动、轻敲取代键盘。目前的语音识别，仍要以手指按住按钮，才能和人工智能进行对话，这是思维落后的表现。

真正的人工智能应用，应该是什么按钮也不用按，直接和它对话就能操作，并且在五米范围之内，即使有噪音背景也会识别用户所言。若能将应用做到这一步，会是人工智能时代真正的开始。

网络的另一个本质：从慢到快。像优步、滴滴出行的普及，现在在北京基本不会再去路边摆手招出租车，一定会使用叫车软件。微信支付、支付宝等在线支付也是一例。

在线支付是电子商务的基础，因为在线支付无处不在。电子商务不再只是网络购物，服务范围大大扩张，举凡吃喝玩乐行住游，都可以通过在线支付完成。医疗也因网络而有所改善，中国的医疗资源不均，挂号成为相当耗时、麻烦的事情，通过在线预约，像"好大夫在线"等挂号平台，可以协助提前解决问题。移动网络时代也带来"实时健康管理"的概念，通过可穿戴式设备，收集用户的实时身体数据，拟定实时健康管理方案。

# 新媒体革命

网络技术的革新导致媒体变革，纸媒影响力愈来愈弱，难以生存；数字媒体则越发茁壮。未来的关键在于互动，若和用户间的互动消失将无法继续发展。

技术变革也使得消费者的行为特征改变，再加上媒体属性的变革，消费者行为决策也有所转变。另一方面，网络技术提供了很多新型的营销手段和技术，也让营销的实践、解决方案有所革新。

媒体的变迁分为三阶段：第一是传统媒体时代，当时的纸媒众多，媒体呈现中心化。像在中国最权威的中央电视台，每天晚上七点到七点半的《新闻联播》是全中国人民获取讯息最主要的管道，加上传统媒体强势的官方背景，让它拥有巨大的影响力。

到了数字媒体时代，出现新浪、搜狐等入口网站，以及百度等搜索引擎。媒体数字化后出现大量媒体，单一媒体的影响力下降，是"去中心化"的时代。而在网络时代，因为可以追踪调查用户行为，广告投放也更加精准。

目前已经进展到移动网络的时代，应用程序和媒体密不可分，媒体有应用程序化的趋势，应用程序有媒体化的趋势。比如"汽车之家"App，既提供汽车信息，也可进行购买和维修，它既是媒体也是应用程序；爱奇艺是中国使用最广泛的影音平台，很难将它单纯定位为媒体或应用程序。如今应用程序和媒体捆绑，媒体不再只是传播讯息。

强调和用户的互动是未来平台经营的趋势。像今日头条，因为现代人没时间自己搜索新闻，今日头条会根据用户兴趣，每天推荐不同文章。

用户和平台互动愈多，兴趣点就会抓得愈准。刚安装时推荐的新闻，会因为平台对用户的了解不深，而和用户相关性不强。若持续使用，推荐的文章就会愈来愈符合用户的喜好。

网络技术影响了营销的创新，以往对于消费者的分析较为模糊。现在利用数据采勘[1]、分析建模等手段，洞察结果愈来愈精准。

二十几年前在美国学营销，老师会先讲"统计人口指数"的概念，从年龄、收入、教育程度、性别等参数，来解释人怎么群分、营销怎么做区隔。

移动网络时代最重要的就是"场景"，很多消费行为是在场景中被激发出来的。因为场景的时间、空间随时都在变更，现在不是营销区隔，而是微区隔。根据场景将人群细分，有时甚至要利用数据采勘，规模是难以想象的。

搜索引擎有马太效应，大家习惯了现有模式，很难再次建立新模式去打败现有的。原因不仅是技术问题，更是因为数据请求的累积，会让搜寻结果愈来愈精准。

搜索引擎中的网页排名，意味着被搜索物的引用次数和相关度。若数据量不够，这个排名就没有意义。

广告领域也是如此。程序化交易中广告主和媒体形成两个聚合系统，媒体的展示时间是一个系统，广告主追踪用户行为则是另一系统。

之所以能知道用户在什么时间浏览什么媒体，并进行广告投放，都是经由两个交易系统的计算。

现在的广告技术需要用户的"反馈"以衡量效用。点击率高代表正确掌握了用户的需求，因此会继续投放。若始终没有点击，也会知道这则广告和用户的匹配度不高，因此会自动消失。

以前习惯以时代为消费者分群，像是"80 后""90 后"。但代际文化属性不断演替，若仍以"10 年"为区间来定义文化特征，范围会不够精确。现在年龄每差三至四年，消费者就会拥有不同个性和价值观。

因为移动网络时代的来临，消费趋势和媒体趋势都有所改变。第一个趋势是"时刻消费"。手机端获取的讯息能影响消费者 43% 的购买决策，反之电视的作用则愈来愈小。

现在中国的年轻人几乎都用手机看剧。爱奇艺 2017 年卖出了 6 000 万会员，如《三生三世十里桃花》，很少有观众是通过电视观看，大部分是通过手机或 PC。

近几年网络消费行为开始改变，用户愿意为了数字、娱乐付费，企业开始看到智慧财产的希望，只是可能不适合通过软件授权的模式进行贩卖。

现在的消费市场是微区隔，它是细分之谈。移动网络的趋势是体验的前置化，比如在线试穿衣服。

宜家家居（IKEA）有个很好的应用，根据调查，有 1/2 的人不清楚自己房间的大小，1/5 的人会因此买到不适合的家具。所以宜家家居做了一个目录，消费者将其上传到手机并把房间扫描一遍，然后使用宜家家居的 App，就能知道家具是否合适。体验的前置化也为其他产业所用。以前是产品主导市场，现在则是消费者主导市场。

另一个趋势是智能的交互。图胜于语言，这也是图片社群 App，诸如 Instagram、Snapchat 受欢迎的原因。语音也将成为未来交流的主要方式。三星已经实现了眼球控制，阅读网页时会随用户眼神的停顿、移动而有所感知，这些都是智能交互的应用方式。

语音存在两种方向：一是语音的合成，让机器说话；二是语音辨别，让机器听懂人类说话。目前语音识别的最大问题是背景噪音的控制，因为平时不可能在实验室环境下说话。在有 20% 噪音的情况下也能准确地识别，是现阶段的努力方向。

# 万物数字化

形形色色的移动设备会组成万物互联的社会，从个人到家庭，甚至整个城市，所有东西都是相连的。

智能家居是目前的热门项目，像亚马逊的智慧音箱 Echo 能和用户进行交流，甚至能感知用户情绪的变化，然后给予相应的服务。当用户和它说"我心情不好"时，它会播放让情绪昂扬的曲子，这就是智慧家居。

智慧家居也会成为新的节点。我家的空气净化器是用我太太的手机操控的，有一次她出门了，我到凌晨三点还没回家，结果被她发现了。

后来我才明白，因为她用手机操控空气净化器，而我没有把它关上，她通过手机知道这个情况，所以判断我还没回家。由此也能体会到，智慧家居已经成为家庭链接的新媒介。

目前汽车链接也备受关注，苹果、谷歌、百度都有相关动作，像特斯拉车里的大屏幕。其实屏幕的设计还是有点过时，若能打造多媒体环境，单纯以说话或其他感官控制，会是更理想的发展。

现代人在车上的时间愈来愈长，汽车里面的环境会是未来的广告重镇。

移动网络时代的碎片化会造成一些问题。根据2015年的统计，每人平均拥有 4.2 部移动终端，若再把 mp3 等加上，数字更是远远超过此数。在拥有众多屏幕的情况下，消费者只有一秒的专注时间，若无法在一秒内勾起消费者的兴趣，可能会永远丧失机会。解决方式有二：一是设法在一秒钟内博取注意，但难度很高；二是设法在多个节点重复，让消费者把这多个一秒的印象叠加起来，从而给其留下印象并产生效果。

中国有很多传统商场，比如万达集团，电器企业国美、苏宁，虽然拥有众多连锁店，也都需要面对淘宝、京东等电商的强烈竞争。

第一种生存方式是卖掉，比如说银泰百货被阿里收购，苏宁让阿里部分入股；第二种就是设法网络化。

在第二种思路的趋势下，很多大型零售企业会计算，一年累计下来的数十亿用户，能否将他们全部数字化，并打通线上线下。消费者在线上、线下的消费行为是可以完全匹配的。

因此，企业可以得知消费者在线上的消费习惯和消费种类，也能知道消费者线下常去的消费地点，从整体出发，提供服务体验。

隐私问题或许是某些人的疑虑，但在网络时代这是无法避免的结果。脸书对特朗普的当选有一定的影响，它之所以能和媒体主流做出不同却正确的预测，是因为能从评论中读出用户支持哪方的暗示。

谷歌也能追踪用户的上网行为并了解很多隐私。如果一个总统候选人经常在网上观看色情片，这个网络信息就有可能被对手所用。

在大数据时代，用户的一切行为都会被记录，每个用户都有非常清楚的全貌，因此营销企业能通过实时的全景数据，来了解如何管理广告主的品牌。


## 数据的社会化应用


李彦宏曾说，进入大数据时代后，全球有 90% 的新型数据产生于两年之间。大数据能促进讯息的消费，加快经济转型的升级，并带动社会环境改变，达到社会创新。

举个例子，2013 年的波士顿马拉松爆炸案，就是通过对嫌犯特征的描述，在上百亿张由摄影机得来的图片中找出可能的嫌疑人。这是大数据在安防方面的典型应用。

利用百度的定位数据，准确预测用户的迁徙轨迹，得出人从哪里离开、前往哪里、哪条迁徙线路最热门等数据，可以提前进行运力分配，以利交通管理。

将智慧产品通过云端联系，可以推动产业升级和了解用户消费习惯。像车联网，可以追踪用户行车路线和行车习惯，这对保险业会有很大的影响。

通过追踪驾驶者的习惯，参数甚至可以详细到踩油门的习惯、换挡的习惯等，从海量的数据得出个人级的精算，并订出量身打造的车险费率。中国每年车险有 4 000 亿元的收入，通过车联网的数据系统运算可以降低 30% 的运营成本，等于一年增加 1 000 亿元的收入。

## 网络思维解决品牌困境

目前中国的网络广告全年收入高达 1 000 亿元，由此可见使用数据、智能化的手段，也就是所谓的"网络思维"，可以创造出比原先产业更大的市场。其中关键的一句话是"羊毛出在猪身上"，指一个领域、技术带来的巨大利润，可能是出于另一个行业。另一句话是"要做一只风口上快乐的猪"，当投身的行业是风口、是大势所趋时，就算是猪也能起飞。

玉兰油（OLAY）曾是热门品牌，但是经过数据分析发现，搜索玉兰油的人，有 25% 的人是通过搜索"适用年龄"间接发现玉兰油这款产品很适合自己的年龄然后选择了玉兰油，反观只有 1.7% 的人会直接先通过搜索玉兰油，然后再搜索玉兰油是否适合自己的年龄。

这个数据体现了品牌传播的问题。玉兰油的目标人群是二十至三十岁的女性，但这些人不知道自己的年龄是否适合使用。因此，改善的传播策略就是"把适用的年龄说出来"，以"hold 住 25 岁"一句标语点明，玉兰油是给 25 岁左右的人群使用的。

这是典型通过数据分析解决传播问题的案例：受众无法得知产品的适用年龄，那就将这点传播清楚。

大数据也可用于营收诊断。宝马 3 系列和奔驰 C 系列，都是针对年轻人群的高阶车种。但在中国，宝马 3 系列的销量远远好过奔驰 C 系列。

分析数据来自购买过程的五个阶段：第一，如何确认消费者有需求；第二，消费者如何获得产品讯息；第三，获得讯息后如何评估方案；第四，有了不同的方案评估后，如何产生购买意向；第五，是购买后的评价。

比较数据后，发现宝马 3 系列和奔驰 C 系列只在第四阶段，"有了不同的方案评估后，如何产生购买意向"上有较大差距。这体现了宝马在产品的宣传和话术的培训上，比奔驰 C 系列优秀。

奔驰需要提升宣传资料的获取和话术的训练，才能扭转目前的局面。另外，产品的接触管道数量也可能是影响因素。除了找出营销问题以外，也能利用数据进行需求预测，进行竞争格局分析。

简单地总结，以大数据进行智能营销，不论是在营销沟通还是在营销诊断的阶段，都能通过数据分析让营销决策有所创新。未来的营销决策不是无据可依、凭空而得的，以大数据作为杠杆，可让品牌营销成为成效营销。因为投放皆可被追踪，所以能通过点击、反馈来实际衡量营销效果。成效营销和品牌营销之间的边际不再分明。

很少有品牌进行广告传播时完全不看成效数据，只看品牌心智的影响；也很少有只在意成效数据，毫不考虑品牌影响的企业。

以游戏产业为例，传统上是强效果的传播，但因为分众性强，难以追踪成效。2015 年，分众传媒创始人江南春在中国的游戏产业分会演讲，他说："游戏产业目前将绝大部分费用放在成效传播上，若将其中 10% 的预算用作品牌推广，成效营销的转化率会有急遽的提升。"

合并品牌和成效营销即为"品效合一"。在品效合一的领域中，怎样的比例才是预算的最佳配置，目前并没有定论。如何定量并综合成效，会是未来品牌营销在数据营销方面要考虑的问题。

从网络业者的角度分析现今的数字营销，会发现里面有大量的统计、计算、分析。传播人并不见得要成为数据分析的专家，但应该对这些工具有所了解，并找到合适的合作伙伴，有效地应用于品牌和成效传播。

# 中国特殊的电商发展环境

中国在电商的应用领域是全球最领先的，甚至领先于美国，就算在硅谷也只谈新技术，而不是谈应用。

我在硅谷遇到朋友，正在准备在线卖电影票的业务，但这项应用在中国已经出现数年，目前已经达到饱和。这是因为中国碰到特殊的发展阶段。

移动网络受到几个推力的影响：第一是城市化。中国的城市发展速度快，出现很多外卖、叫车的需求，这些需求会通过移动网络化展现出来，对电商环境影响深远。

第二是中国的快递环境。和美国相比，中国相对居住密集，且拥有廉价的快递劳工，这是其他国家无法达到的优势。像顺丰这种大型快递公司，可以在一小时内召集几十万拥有不同交通工具的快递人员。目前最有条件和中国一比的是印度，但印度没做好，很多本土电商都被阿里巴巴收购。

中国的电商环境格外特殊，外卖也能成为大型行业，而这些外送人员又促进了快递产业的发展。根本原因是劳动力的红利。高速发展虽然可能导致泡沫化，但把泡沫挤掉、去芜存菁后仍可留下有意义的事物。

网络应用发展出 O2O 模式，泛指利用移动网络去连接线下行业。滴滴出行就是 O2O 行业的一种，通过手机获取叫车服务，连接线上和线下。

O2O 和传统的实物电商的不同点在于，O2O 的最终服务要在线下进行，像叫车、订票、外送等运用。近年 O2O 行业规模愈来愈大，虽然从 2017 年开始有点降温，但在过去二至三年都是热门行业。

因为贴近生活，关注度比较高，不像其他科技产业只能得到特定人士的关注。像滴滴出行，目前市值高达 400 亿美金，以八比二的比例打倒优步，可见 O2O 在中国发展的惊人程度。

从事网络相关产业的人最关注两点：一是流量，二是入口。有搜索就有流量，有流量就有广告价值。

若想夺取流量就要使用入口，又分为"泛入口"和"垂直入口"。泛入口，像微信、地图上的入口，如地图导航和美食搜索的链接，但用户行为转化率不高；垂直入口指单一应用程序，诸如订房、订餐、订票的 App，每个类型都有垂直入口。

从过去几年的发展中发现，垂直入口的发展明显较为强大，用户会使用脸书或微信去和人交流，但不会去做商业化的行为；用户会使用地图导航，却不会用地图去搜索周边服务。正因如此，发展垂直入口才成为现今主流。

# 创造节日激发消费者需求

从营销的角度而言，激发用户需求是相当必要的。通过场景和个性化提供更方便的支付方式，让产品金融化，最终达成让长线用户变成会员的目的。

对于电商来说，"创造节日"是激发用户需求的有效手段。从 2016 年开始，阿里巴巴的"双十一节"已经扩大成世界的购物节，一天内可以创造超过美国电商网站一个月的销量。

我曾造过"三七女生节"，目标人群是十六至二十六岁的年轻女性。比起妇女，她们更喜欢被称为"女生"，加上三八妇女节的"三八"有些负面含义，所以改为"三七"。在这天提供看电影、吃饭等折扣。

电商中的"双十一节"实为节日营销的经典，它已经不单属于阿里巴巴，其他购物网站也会共襄盛举。节日分为自创节日和公众节日，像公众节日中的七夕中国情人节，之所以强调七夕，是因为西方情人节和返乡潮太过靠近，不是好时候。另外，公众假期期间流量较高，无须额外花钱就能获得流量，但竞争店家也较多。两种节日各有利弊，需要自行权衡优劣。

成功创造需求，获得大量的流量后，便要着手理解和捕捉需求。可以通过场景和个性化来为商家提供精准价值，让品类形成不同场景，产生更多交叉需求。

例如在情人节的场景中有吃饭、看电影等需求，就能推广与其相关的 App，从中获得数据，分析得到合适的场景、时间、目标人群，并构建成场景推送给目标人群。譬如说，用户使用 App 订了晚上的电影票，可以立刻推送附近的餐厅、旅馆清单。这些都是完全自动化的，是通过时间、人群位置去产生的场景生态模型。

愈靠近电影院，电影和餐饮的联合销售率愈高，依靠"食"的营运有 71% 的联销率，这也是根据场景来促进消费的应用。

而 O2O 的营销，第一步是激发需求：造节。第二步是通过场景个性化，有效理解与捕获需求。第三步是产品的金融化与标准化。O2O 的所有在线服务都会通过线下交付，而线下交付会影响到服务的标准化。在中国使用在线服务，光是餐饮打折就有代金券、到店支付、预先储卡等形式，这些都是产品金融化的样貌。商家不需要细分就能妥善管理，能获得更好的效率、更高的毛利，是较为便捷的融资手段。第四步是会员暂留。O2O 服务的概念始于美国的团购（如 Groupon 和 Yelp），但并没有真正为商家解决问题。

商家需要的是新客户、新流量，客户究竟是原有的还是额外增加的，往往没有判断的标准。反观外卖产业，商家能明显感受到移动科技带来的附加价值。而在 O2O 中，到店的有些客户拥有在线折扣，有些则无，因此不好证明数字营销的益处。

为了和商家达成共荣，数字平台发展出将商家、用户、产业链整合起来的"会员+"模式。如果用户是平台会员，也会同时成为商家会员，反之亦然。

这时平台和商家可以共同管理会员，借此提升收益的模式。举例来说，若用户是某电影平台的会员，那他也可以参加合作电影院举办的活动，通过整合的会员管理，为双方带来不同利益。

在体验的系统中让用户获得更好的分享体验，商家也会更清楚谁是可以长期培养的消费者。

比如赋予会员观影特权（如参加明星见面会），根据消费者的参与度，来判断是否值得长期培养，也能让商家知道推出的折扣，是否能够从客户的消费中回收。借由打造"会员+"的体系，联结整个产业的生态系统。

传播人要拓展视野，多关注技术层面的改变，并了解如何利用，未来的发展才能更加全面，也才能帮助广告主做到真正的效果营销和品牌推广。

## 数据营销达到品效合一

大数据对于社会管理、商业领域都有创新的应用空间，从传播、营销的角度而言，大数据可以帮忙进行智能营销，指导企业决策，并决定四个营销沟通：

1. 对谁说？——用数据来做消费者洞察。

2. 由谁来说？——用数据选择合适的代言人。

3. 说什么？——用数据制定传播策略。

4. 怎么说？——用数据制定最佳沟通方式。

以大数据进行智能营销，不论是在营销沟通，还是营销诊断的环境，都能让营销决策有所创新。未来的营销决策不是无据可依、凭空而得的，以大数据作为杠杆，可让品牌营销成为成效营销，达到"品效合一"。

# 注 释

**第一讲**

1. 拐点亦指反曲点，在数学上指改变曲线向上或向下方向的点，此处借指趋势开始改变的地方。

**第二讲**

1. 大 V 是指身份获得认证的微博意见领袖。由于粉丝数较多，在微博上具有一定影响力。

2. 实时竞价是利用数据分析得出用户的习惯跟兴趣，再让广告商互相竞争广告位。此种竞价方式可以让广告商用合理的价钱，将广告传播给定向精准的受众。

3. 门户网站，Web Portal，又称入口网站。指将不同来源的信息以统一形式整理、储存并呈现的网站。

4.联播网，指内容提供商不受传统媒体限制，同样内容可在不同平台上架。

## 第三讲

1.消费者旅程，是指将消费者从接触信息到达成购买，分为"知晓—搜索—查询—比较—购买"五阶段。

## 第四讲

1. IP 为智慧财产（Intellectual Property）的缩写。

2.全通路：核心（专家级关键意见领袖）、中间（活跃粉丝级关键意见领袖）、底层（粉丝级关键意见领袖）；全创造：创造关键讯息点，形成预判、设置；全参与：参与内容＋事件＋技术、企业媒体基地、关键意见领袖分层互动、流量转化。

## 第六讲

1. 4A 是美国广告代理商协会的简称（American Association of Advertising Agencies），成立于 1917 年。协会成员承担着全美

70%~80% 的广告业务。目前进入中国的国际广告公司多为该协会会员，统称为 4A 公司。

2. 快消品即为快速消费品，指使用寿命较短、消费速度较快的消费品。典型的快速消费品包括日用品、食品饮料等。

3. P2P 借贷也称为网络借贷、社交借贷，指通过网络平台实现的直接借贷。网络借贷作为新型借贷平台，其快速成长给传统借贷带来压力，并迫使其转型。

## 第七讲

1. 僵尸粉指社交平台上花钱即可购得的虚假粉丝，通常是由系统自动产生的恶意注册的用户。

2. 微商是一种社会化移动社群电商模式。它是基于社群媒体开店的新型电商，主要分为基于微信公众号的微商，即 B2C，以及基于朋友圈和 QQ 空间的微商，即 C2C。相对传统电商的以商品为中心，微商则是以人为中心，通过关系获得信任，再通过信任卖出商品是其关键所在。

**第八讲**

1. IMEI，International Mobile Equipment Identity 的缩写，即手机序号，在国际上用于识别、监控被窃或无效的移动设备。

2. 凤羽 DSP 系统是汇聚凤凰全媒体资源，依托凤凰网、手机凤凰网、客户端的数据进行多维度数据挖掘，是帮助广告主实现目标用户的精准定向，实现全方位优化的自助竞价广告平台。

3. 程序化购买，指基于自动化系统和数据，由系统或客户自助完成客户的创意、点位、价格、定向中至少一项的业务模式。与常规的人工购买相比，程序化购买可以改善广告的购买效率、规模和投资策略。

**第十讲**

1. 3C，就是计算机（Computer）、通信（Communication）和消费类电子产品（ConsumerElectronics）三者的缩略形式，亦称"信息家电"。

2. B2C，B 是指企业（Business），2 则是 to 的谐音，C 是指消费者（Customer）。B2C 是企业对消费者的电子商务模式。这种形式的电子商务一般以网络零售业为主，主要借助互联网开展在线销售活动。

## 第十一讲

1.DAU（Daily Active User）指日活跃用户数量。常用于反映网站、应用程序、网络游戏的运营情况。

## 第十二讲

1.数据采勘又称"数据挖掘"，意思是利用庞大数据库建立模型，并从中找出隐藏的特殊关联性及特征，例如消费者的消费模式、习惯，借此将客户群分类，进行精准营销。

**图书在版编目（CIP）数据**

好营销3秒就够了 / 吴孝明编著. —— 北京：中国友
谊出版公司, 2021.3

ISBN 978-7-5057-5146-0

Ⅰ. ①好… Ⅱ. ①吴… Ⅲ. ①市场营销学 Ⅳ.
①F713.50

中国版本图书馆CIP数据核字（2021）第036916号

© 吴孝明

本书经由时报文化出版公司独家授权，限在中国大陆地区发行。

非经书面同意，不得以任何形式任意复制、转载。

| | |
|---|---|
| 书名 | 好营销3秒就够了 |
| 作者 | 吴孝明　编著 |
| 出版 | 中国友谊出版公司 |
| 发行 | 中国友谊出版公司 |
| 经销 | 北京时代华语国际传媒股份有限公司　010-83670231 |
| 印刷 | 唐山富达印务有限公司 |
| 规格 | 880×1230 毫米　32 开 |
| | 7.5 印张　140 千字 |
| 版次 | 2021 年 3 月第 1 版 |
| 印次 | 2021 年 3 月第 1 次印刷 |
| 书号 | ISBN 978-7-5057-5146-0 |
| 定价 | 48.00 元 |
| 地址 | 北京市朝阳区西坝河南里 17 号楼 |
| 邮编 | 100028 |
| 电话 | （010）64678009 |